ÉTUDES HISTORIQUES

sur

L'ESPRIT MILITAIRE & L'ÉDUCATION NATIONALE

DES PREMIERS [illegible]

24871

ÉTUDES HISTORIQUES

SUR

L'ESPRIT MILITAIRE

ET

L'ÉDUCATION NATIONALE

DES PREMIERS EMPIRES

PAR

François JACQUOT

Professeur à Metz, Membre de la Société d'histoire & d'archéologie de la Moselle

PREMIÈRE PARTIE
ÉGYPTIENS & BABYLONIENS

DEUXIÈME PARTIE
GRECS & ROMAINS

METZ

TYPOGRAPHIE ROUSSEAU-PALLEZ, ÉDITEUR

Libraire de l'Académie Impériale

RUE DES CLERCS, 14

1868

INTRODUCTION

L'art militaire est un des sujets qui ont suscité le plus d'écrivains, et qui ont donné lieu à la plus grande quantité comme à la plus grande variété d'études[1]. Nous ne croyons pas cependant la matière épuisée ; et, dans les circonstances présentes, il y a peut-être des raisons majeures de la présenter sous un nouveau point de vue.

Il y a sur la guerre aujourd'hui un grand malentendu.

---

[1] Le général Drouot avait rassemblé dans sa bibliothèque particulière plus de deux cent cinquante ouvrages d'art militaire, et il les a légués tous à la bibliothèque publique de la ville de Nancy. J'ai voulu moi même établir la liste à peu près complète des principaux ouvrages d'art militaire publiés en français, et j'en avais compté plus d'un mille, bien avant même d'être arrivé au terme de mes recherches. Je suis persuadé qu'on en trouverait, pour le moins, de quatre à cinq mille, si on parvenait à rassembler tous ceux qui sont écrits dans les différentes langues. La littérature militaire est donc une mine des plus riches ; elle formerait à elle seule une bibliothèque très-volumineuse. C'est une preuve de l'activité que l'art militaire a la vertu d'imprimer à l'esprit humain, et c'est aussi un premier indice du rapport intime qu'ont entre eux l'esprit militaire et l'éducation nationale, comme on le verra démontré dans le présent ouvrage.

Plusieurs s'imaginent que la guerre est chez le soldat le plaisir du meurtre et la soif du sang humain. C'est une erreur des plus complètes. Nous avons le grand tort en ce moment de la caresser avec trop d'indulgence ; et voilà ce qui nous porte à répéter avec le poète Lucrèce [1], du moins avec le *Lucrèce* de M. de Pongerville [2] :

> Mais on ne voyait pas, au meurtre façonnés,
> *De stupides soldats*, froidement déchaînés,
> De l'un à l'autre maître apportant leur servage,
> *Vendre* à qui mieux les paie *un infâme courage*.
> A l'aspect de leur proie, ils courent rugissant,
> Se ruer tout joyeux sur un peuple innocent ;
> L'immoler ; de son sang, de son or se repaître,
> Ou le déraciner du sol qui l'a vu naître.

Ou avec Voltaire, dans sa *Henriade :*

> Exterminez, grand Dieu, de la terre où nous sommes
> Quiconque *avec plaisir répand le sang* des hommes.

---

[1] *De Natura rerum*, livre V, vers 997.

[2] Il est juste d'observer que M. de Pongerville a mis beaucoup du sien dans ce passage de *Lucrèce*. Sa traduction reflète ici les idées courantes de l'époque. Sous la Restauration, on ne savait que dire contre Napoléon Ier, qu'on surnommait alors *l'ogre de Corse*. La guerre et les soldats étaient généralement regardés comme choses diaboliques. Il était de bon ton alors de les décrier et de les détester. On faisait tomber sur eux la haine dont les partis s'armaient à outrance contre Napoléon déchu. C'était l'excès contraire à celui qu'on avait vu chez les Grecs byzantins, lorsque l'empereur Nicéphore, un beau jour, s'avisa de vouloir canoniser les armées et béatifier d'emblée tous les soldats, comme on peut le voir dans Fleury, *Hist. eccl.*, livre LVI, n. 23, et dans Rohrbacher, *Hist. univ. de l'Église cath.* t. XIII, p. 149, 5ᵉ édition: L'homme est d'ordinaire si peu sage qu'il a peine à se tenir dans les limites du vrai, et qu'il lui faut toujours se jeter dans quelque excès, en forçant la nature des choses pour appuyer trop fort ou d'un côté ou de l'autre. La modération serait la vertu même, selon l'adage antique : *In medio virtus.* Mais la vertu nous coûte, et voilà pourquoi, dans notre condition pleine de misères, nous péchons si souvent par défaut de modération.

Ou avec André Chénier, dans ses *Élégies* :

> Chassez de vos autels, juges vains et frivoles,
> Ces héros conquérants, meurtrières idoles,
> Tous ces grands noms, *enfants des crimes, des malheurs,*
> *De massacres fumants, teints de sang et de pleurs :*
> Venez tomber aux pieds de plus pures images.

Ou avec Rouget de l'Isle, dans sa *Marseillaise* révolutionnaire :

> Entendez-vous dans nos campagnes
> *Rugir ces féroces soldats ?*
> Ils viennent jusque dans vos bras
> *Egorger*, etc.

Ou avec Lamartine, dans sa *Marseillaise de la Paix :*

> Et pourquoi nous haïr et mettre entre les races
> Ces bornes ou ces eaux qu'abhorre l'œil de Dieu ?
> Nations, mot pompeux pour dire barbarie,
> L'amour s'arrête-t-il où s'arrêtent vos pas ?
> *Déchirez ces drapeaux ;* une autre voix vous crie :
> L'égoïsme et la haine ont seuls une patrie,
> La fraternité n'en a pas.

Ou avec Béranger, dans l'une de ses Chansons fameuses :

> *Humanité, règne !* voici ton âge
> Que nie en vain la voix des vieux échos ;
> Déjà les vents, au bord le plus sauvage,
> De la pensée ont semé quelques mots.
> Paix au travail, paix au sol qu'il féconde !
> Que par l'amour les hommes soient unis ;
> Plus près des cieux qu'ils replacent le monde ;
> Que Dieu nous dise : Enfants, je vous bénis.

Telles sont, de nos jours, les plaintes fréquentes des poètes et des utopistes, avec lesquels font chorus trop souvent bon nombre d'esprits dont les intentions sont pures et droites, mais dont le regard est trompé sur ce point par l'illusion de quelques lueurs fausses [1].

Les âmes religieuses ont aussi contracté l'habitude de déplorer la guerre et de la condamner [2]. C'est ainsi qu'une feuille religieuse de Nancy faisait récemment le procès à l'organisation militaire de nos sociétés chrétiennes, et s'exprimait sur ce point en des termes sévères dont voici quelques échantillons : « *Dans les sociétés mal organisées, tout le monde est soldat,* parce que tout le monde est menacé. Plus tard, les mœurs s'adoucissent, des lois interviennent, et l'ordre social se fonde. Les arts de la paix succèdent aux occupations de la guerre ; et les peuples voisins, las de s'entre-tuer ou de s'entre-piller, asseoient leur mutuelle sécurité sur des contrats internationaux. C'est le droit des gens. Eh bien ! *le propre de la civilisation chrétienne* est de perfectionner sans cesse ce droit indispensable ; de rendre, en le perfectionnant, les guerres plus rares, moins longues, moins cruelles ; et par là *de réduire le nombre des soldats. L'idéal serait qu'il n'y eût plus ni soldats, ni guerre* [3]. » Avec le péché originel et ses suites, cet idéal n'est pas près d'être atteint. On peut même dire que la condition présente des sociétés humaines rend cet idéal à peu près impossible. « Il semble, dit M. de Quatrefages, que chez l'homme,

---

[1] Voir la *Conférence sur la Paix et la Guerre* faite à l'École de Médecine de Paris, le 21 mai 1867, par M. Frédéric Passy. Voir aussi les Statuts fondamentaux de la *Ligue internationale de la Paix*, constituée à Paris, le 30 mai 1867. Voir enfin le *Discours de réception à l'Académie française*, du P. Gratry, prononcé le 26 mars 1868.

[2] Labruyère, Pascal et Massillon se sont élevés, en leur temps, contre *la folie et l'impiété* de la guerre ; et ils l'ont fait avec toute la force que donnait à chacun d'eux l'ascendant du plus beau génie. De nos jours, Joseph de Maistre, Aimé Martin, Donoso Cortès, M. Poujoulat, M. Louis Veuillot et Mgr Justin Fèvre ont, au contraire, éloquemment prouvé que *la guerre est divine.* Nous adoptons le sentiment de ces derniers auteurs.

[3] *Espérance de Nancy*, 18 décembre 1866, article de M. Kaeuffer.

après le besoin de vivre, un des plus impérieux soit celui de lutter contre son semblable pour le tuer ou le soumettre. C'est là encore un trait caractéristique. L'animal chasse pour assouvir sa faim ; il se bat pour protéger sa famille, conquérir sa femelle *(cerf)*, quelquefois pour rester seul maître d'un canton riche en pâturages *(cheval)* ou en gibier *(aigle);* mais la guerre proprement dite n'existe pas chez lui, sauf peut-être chez les fourmis. En réalité, c'est un fait tout humain ; et, à ce titre, l'homme pourrait encore être défini un *animal guerrier* [1]. » Ce témoignage du célèbre naturaliste porte avec lui son éloquence ; il concorde avec ce que la religion nous apprend sur la violence des passions humaines et sur leur force indestructible.

Mais écoutons les nouveaux griefs que les mêmes critiques reprochent à l'état militaire, en le représentant comme une école de perdition morale : « *La vie militaire,* disent-ils, *n'est pas précisément une école de dévotion;* et beaucoup y entrent croyants et purs, qui la quittent, quelques années après, sceptiques et vicieux. Ce n'est pas sans motif que les mères chrétiennes redoutent pour leurs fils le séjour des garnisons; et ce séjour, depuis qu'il existe des armées permanentes, depuis surtout que fonctionne la conscription, n'a point servi à augmenter l'esprit religieux dans les campagnes, ni à y conserver les bonnes mœurs. On voit, par ces simples remarques, *quels problèmes soulève la réorganisation militaire.* Elle touche à toutes les conditions et à tous les intérêts. *La vie matérielle et morale du pays,* sa sécurité et sa prospérité, *tout est en jeu, tout est en cause.* Les Français estiment qu'ils n'ont à prendre exemple sur personne. *Ils sont fiers d'être à la tête de la civilisation;*

---

[1] *Rapport sur les progrès de l'Anthropologie,* par M. de Quatrefages, membre de l'Institut, professeur au Muséum, publication faite sous les auspices du ministère de l'instruction publique ; in-4°, page 397. Paris, imprimerie impériale, 1867.

ils le seraient très-peu d'être à la tête de la servitude militaire [1]. »

Malgré l'honnêteté du journal et le talent du rédacteur, on ne doit voir ici que des phrases de routine. Les derniers mots surtout sont les plus dénués de justesse. Jamais la civilisation n'a fleuri que sous la protection des armes. Chez les Grecs, le siècle de Périclès arrive au lendemain des guerres médiques, à l'époque terrible de la guerre du Péloponnèse. Chez les Romains, le siècle d'Auguste suit les guerres civiles. Les invasions plus récentes des Barbares ont marqué l'apparition des saints et l'avènement des docteurs de l'Église. Les temps orageux que les Italiens appellent les bas siècles, *i tempi bassi*, précèdent Grégoire VII et Innocent III. En France, le siècle de Louis XIV arrive après la Ligue, croît avec la Fronde, et s'achève au milieu des agitations de la guerre étrangère. Le génie espagnol multiplie ses chefs-d'œuvre après une croisade de huit siècles. Le génie anglais lui-même a vu le jour parmi les commotions politiques du siècle de la reine Anne. Enfin, le génie allemand s'est réveillé de nos jours sous le contre-coup civilisateur des guerres mémorables de Napoléon Ier [2]. L'action militaire est donc favorable aux arts de la paix. On peut dire que la civilisation suit la guerre comme l'ombre suit le corps. Par conséquent, vouloir opposer la civilisation à l'esprit militaire, c'est opposer entre eux deux objets similaires, c'est chercher des contraires dans les similitudes les

[1] *Espérance de Nancy*, numéro du 26 décembre 1866. Dans ce réquisitoire foudroyant contre la vie militaire, l'*Espérance de Nancy* ne fait que suivre la ligne adoptée par plusieurs journaux religieux de France, de 1866 à 1868, c'est-à-dire lors des grandes discussions introduites relativement au projet de réorganisation militaire. Voir aussi dans le *Correspondant*, numéro de septembre 1863, une critique très-vive de la conscription militaire, faite, au nom de la médecine, par M. le docteur Chauffard ; tome LX de la collection, p. 115, article : *De l'assistance hospitalière*, en note.

[2] Toutes ces remarques sont déjà faites dans le savant traité *Du Gouvernement temporel de la Providence*, par Justin Fèvre, t. I, p. 281.

plus frappantes et les mieux constatées. Autant vaudrait chercher midi à quatorze heures, et faire le plus grossier des contre-sens. Tout cela nous prouve jusqu'à quel point l'esprit militaire [1] a été méconnu, même des plus honnêtes gens. Il importe donc de rétablir, d'après l'histoire, la vérité des choses. Tel est aussi notre dessein.

Nous traiterons successivement de l'esprit militaire chez les Egyptiens, chez les Babyloniens, chez les Grecs et chez les Romains [2]. Nous démontrerons l'accord de

[1] Il a été fait de nos jours plusieurs tentatives pour supprimer la guerre. C'est le mot d'ordre à peu près commun de tous les utopistes. Nous avons vu deux *Congrès de la Paix*, l'un à Paris en 1848, l'autre à Genève en 1867 ; ce sont des signes de notre temps, mais ce sont aussi des puérilités. Au moyen-âge on avait vu des tentatives pareilles, qui firent aussi beaucoup de bruit, mais demeurèrent sans résultat. « Un évêque de France, dit le chroniqueur Baudry, prétendait avoir reçu des lettres du ciel qui avertissaient de renouveler la paix sur la terre. Il le manda aux autres, et leur donna ces préceptes pour les imposer aux peuples : *que personne ne portât les armes*, soit pour reprendre ce qu'on lui aurait pris, soit pour venger la mort de son parent. Plusieurs embrassaient volontiers ces préceptes par *l'amour de la nouveauté*. Mais Gérard, évêque de Cambrai, ne put jamais être persuadé de recevoir ces règlements. Il disait que le genre humain a été dès le commencement divisé en trois : ceux qui prient, ceux qui combattent, ceux qui cultivent la terre, c'est-à-dire les *prêtres*, les *guerriers* et les *laboureurs ;* dont chacun a besoin des deux autres, et les deux du troisième. On doit donc, ajoutait-il, *porter les armes et faire rendre ce qui a été pris par force ;* on ne doit pas irriter celui qui poursuit la vengeance d'un meurtre, le contraignant à l'abandonner, sans recevoir la satisfaction convenable. Telles étaient les remontrances de l'évêque de Cambrai. Les autres évêques murmuraient en secret contre Gérard, disant qu'il n'était pas *ami de la paix*. Mais l'évènement fit voir combien il avait raison de s'opposer à faire jurer cette paix ; car presque tous ceux qui l'avaient jurée, faussèrent leur serment. » Voir Fleury, *Hist. eccl.* livre LIX, nº 28. Voir aussi, dans la récente *Histoire de la Communauté des biens* par M. Chevé, Pont-à-Mousson, 1866, l'antipathie pour l'organisation militaire des sociétés qu'ont manifestée à peu près tous les utopistes.

[2] Le présent ouvrage a déjà reçu, en 1867, un commencement de publication. Le premier chapitre a paru en brochure séparée, sous ce titre : *Recherches historiques sur l'esprit militaire et l'éducation nationale des Hébreux*, par les soins des éditeurs Bordes frères, de Nancy. Plus récemment, Mgr Justin Fèvre l'a inséré, sous forme de *Dissertation*, dans la nouvelle édition de

tous ces peuples pour donner à l'enfance une *éducation militaire* qui, à proprement parler, formait à elle seule leur *éducation nationale*. Nous nous attacherons à faire voir comment les peuples militaires sont fondés nécessairement sur la religion et sur l'agriculture [1]; comment ils acquièrent la possession des arts et du bien-être; comment leur degré de civilisation et de puissance correspond toujours à la marche ascendante ou rétrograde de l'esprit militaire; et comment le sort des empires se lie naturellement à la présence ou à l'absence de l'esprit guerrier dans les populations. Ce ne sera pas prêcher la guerre; à Dieu ne plaise! Car l'esprit militaire est plutôt fait pour conjurer la guerre, que pour la déchaîner. Il est vrai que, de nos jours, on confond trop souvent *l'exercice militaire*, ou *l'esprit militaire*, avec la *guerre* elle-même; mais, du simple exercice militaire à la guerre effective, la différence est grande. L'erreur que l'on fait ici saute aux yeux. L'exercice est pour la défense; la guerre est plutôt la provocation. La guerre fait couler le sang et ravage les provinces: c'est un fléau terrible, et que Dieu seul, dans sa justice souveraine, contient ou déchaîne à son gré sur les peuples coupables. L'exercice militaire ne fait couler que des sueurs, et il a le mérite incontestable de donner aux jeunes gens une excellente éducation virile; c'est un moyen précieux d'acquérir

l'*Histoire universelle de l'Église catholique*, par l'abbé Rohrbacher, t. II, p. 28-33; Nancy, 1868, in-4º à deux colonnes. C'est pourquoi nous ne jugeons pas nécessaire de faire figurer ici l'étude consacrée aux Hébreux. Plus tard, si nos lecteurs en témoignent le désir, il sera très-facile de la replacer en son lieu; nous la reproduirons alors, en la complétant par quelques additions ou modifications d'une certaine importance.

[1] Le docte Rohrbacher représente l'agriculture comme *la nourrice des peuples*, et ajoute qu'elle est une *ouvrière de guerriers fidèles*. Ces expressions de l'éminent historien sont d'une justesse extrêmement remarquable. Voyez l'*Histoire universelle de l'Église catholique*, t. II, p. 52, 3e édition, in-8º, ou t. I, p. 306 de la récente et excellente édition Bordes frères, avec notes et dissertations du savant Justin Fèvre.

la santé du corps, la générosité d'âme et la vigueur d'esprit[1]. Or, l'esprit militaire pousse à l'exercice, mais non pas à la guerre[2]; il excite l'émulation, l'amour passionné des grandes choses, un vif et légitime désir de gloire, mais non pas la férocité; il joint le travail du corps à celui de l'esprit, mais non pas l'ignorance à la fainéantise; il rend l'homme plus homme, c'est-à-dire plus courageux, plus dévoué, plus énergique, et plus utile au monde. L'esprit militaire, en définitive, est donc éminemment conservateur, plutôt que destructeur. Au lieu de le maudire et de le décrier comme font de notre temps une foule de nobles esprits, égarés en ce point par leurs propres rêves, ou devenus les échos falla-

[1] Voir ce que dit, d'après Platon et Locke, M. Barthélemy Saint-Hilaire sur la gymnastique *auxiliaire de l'éducation*, dans son excellent *Traité de Gymnastique*. Voir aussi sur la même question le *Magasin pittoresque*, année 1850, p. 266, et ma brochure intitulée: *De l'introduction des idées napoléoniennes dans la discipline des colléges*, 3e édition, 1863.

[2] David, le roi guerrier par excellence chez les Hébreux, était le premier à faire des vœux pour éloigner la guerre. Dans le psaume LXVII, 31, il s'écrie, au milieu d'une prière à l'Éternel: *Dissipa gentes, quæ bella volunt.* Napoléon Ier, le plus grand capitaine des temps modernes, ne pensait pas sur ce point autrement que David : « Les braves militaires, disait-il, font la guerre et désirent la paix. » Il ajoutait, dans sa belle lettre à l'archiduc Charles : « N'y a-t-il donc aucun espoir de nous entendre, et faut-il que nous continuions à nous entr'égorger? Quant à moi, si l'ouverture que j'ai l'honneur de vous faire peut conserver la vie à un seul homme, je m'estimerai plus heureux de la couronne civique que j'aurai méritée que de la triste gloire qui peut revenir des succès militaires. » Voilà bien le sentiment d'une âme droite et amie de l'ordre ; c'est aussi, à plus forte raison, le sentiment d'une âme chrétienne. Faire la guerre et vouloir la guerre sont choses fort différentes. On fait la guerre quand on y est forcé, comme on subit l'orage qui doit avoir son cours. Ce jeu sanglant n'est jamais un plaisir de l'homme. On peut donc aimer l'exercice et détester la guerre. Les mots latins *para bellum* ne veulent pas dire *gere bellum*, mais bien plutôt *si vis pacem.*

On ne saurait trop méditer, dans les conjonctures présentes, sur ces distinctions, à quoi peut-être nous ne songeons guère, mais qui sont toutefois d'une très-haute importance et qui mériteraient d'occuper la pensée de nos législateurs.

cieux d'une clameur d'origine utopiste [5], il faudrait donc plutôt l'acclamer, le bénir, le louer, et le propager. Telle était la pensée qui fut dominante autrefois dans les premiers empires. Voilà pourquoi les Romains disaient en proverbe : *Si vis pacem, para bellum.* Voilà pourquoi Napoléon III lui-même a dit, avec un si grand sens, que *l'empire c'est la paix.* Ces derniers mots ne sont que le proverbe latin traduit en français de la manière la plus parfaite.

La question que de telles idées soulèvent est digne d'un examen sérieux. Nous l'envisageons au point de vue historique, dans les études suivantes sur les premiers empires.

----

[5] Il y avait chez les Grecs d'autrefois certains prédécesseurs du bon abbé de Saint-Pierre, qui se lamentaient, comme nos utopistes modernes, au sujet de la guerre. *Qu'il est doux de vivre en paix!* disaient-ils. *Qu'il est dur d'avoir à nourrir une si nombreuse armée! On en veut à nos finances!* Tel était leur refrain ordinaire. Il est curieux de voir ce que Démosthènes leur répond dans sa belle harangue sur la Chersonèse, vers la fin du discours.

PREMIÈRE PARTIE

ÉGYPTIENS & BABYLONIENS

ÉTUDES HISTORIQUES

SUR

L'ESPRIT MILITAIRE & L'ÉDUCATION NATIONALE

DES PREMIERS EMPIRES

CHAPITRE Ier

DE L'ESPRIT MILITAIRE ET DE L'ÉDUCATION NATIONALE DES ÉGYPTIENS

L'histoire des Egyptiens nous est moins connue que celle du peuple hébreu. Mais l'on ne peut douter que l'esprit militaire n'ait aussi fleuri en Egypte, surtout aux grandes époques de la nation, et qu'il n'y ait produit, comme chez les Hébreux, la meilleure influence. C'est un fait qu'il sera curieux et utile de mettre en évidence.

Les auteurs profanes s'accordent tous pour dire que l'Egypte [1] fut placée d'abord sous un régime sacerdotal et qu'elle fut en guerre assez longtemps avec l'Ethiopie. La fameuse ville de Thèbes fut élevée dès cette époque. Vint ensuite une longue succession de dynasties guerrières, sous lesquelles on construisit la ville de Memphis, les Pyramides, le lac Mœris, les chaussées du Nil, le Labyrinthe, et tous les autres monuments merveilleux du pays. Enfin, la troisième phase de l'histoire d'Egypte n'est qu'un tissu de

---

[1] D'après un fragment de Manéthon conservé par Josèphe, *Contre Appion*, l. I, le fameux conquérant Sésostris ou Rhamsès-le-Grand se nommait aussi Egyptus. C'est de ce roi guerrier que tout le pays, nommé auparavant *la terre de Mizraïm*, a pris ensuite le nom d'Egypte.

bouleversements, où force était bien à la nation tout entière de prendre les armes, sous peine d'être asservie à la loi du vainqueur. L'Egypte, en effet, fut asservie et déchut de sa gloire antique lorsqu'elle eut perdu son esprit militaire, c'est-à-dire lorsqu'elle ne mit plus de bornes à son idolâtrie.

La Bible elle-même nous apprend que l'Egypte, au moment de sa grandeur, avait une très-nombreuse et très-puissante armée. Putiphar était *Prince*[1], ou général de l'armée égyptienne, lorsque Joseph lui fut vendu par les Ismaëlites; et il avait une *prison*[2] sous sa dépendance, où dans la suite il fit jeter Joseph. Dès le temps où mourut Jacob, l'Egypte avait des *chars de guerre* et des *cavaliers*[3]. On ne sait si ces chars, mentionnés alors pour la première fois, avaient une origine déjà ancienne, ou s'ils étaient une invention toute récente de Joseph. L'usage des chariots pour le transport était connu depuis longtemps[4]; mais celui des chars de guerre semble dater de cette époque, et il n'y en eut d'abord qu'un petit nombre pour les principaux chefs. On voit que Pharaon avait son char[5], ainsi que Joseph plus tard avait le sien[6], quand il fut *Prince* de toute l'Egypte[7], c'est-à-dire généralissime des armées.

Les chars de guerre, introduits dans les armées par le génie des Egyptiens, ne furent d'abord que de simples véhicules, pareils à ceux qu'on voit décrits par Homère et dont se servaient encore les Troyens et les Grecs. Mais les Chananéens, chez qui la férocité prit naissance de bonne heure avec l'idolâtrie, rendirent ces machines de guerre plus cruelles en les armant de faulx ou de lames tranchantes.

[1] Genèse, XXXIX, 11.
[2] Genèse, XXXIX, 20; XL, 3.
[3] Genèse, L, 9.
[4] Genèse, XLV, 19.
[5] Genèse, XLI, 43.
[6] Genèse, XLVI, 29.
[7] Genèse, XLII, 6; XLV, 8.

Leur emploi fut souvent terrible sur les champs de bataille, au milieu des guerres incessantes qui ont sévi partout chez les races homicides des premiers temps ou des premiers empires. Leur forme a varié, et l'on en trouve plusieurs descriptions différentes. Diodore nous les dépeint de cette sorte: « Le joug de chacun des deux chevaux qui tiraient le char était armé de deux pointes, longues de trois coudées, qui s'avançaient contre le visage des ennemis. A l'essieu étaient attachées deux autres broches tournées du même côté que les premières, mais plus longues et armées de faulx à leurs extrémités [1]. » Ceux dont parle Quinte-Curce avaient quelque chose de plus: « L'extrémité du timon, dit-il, était armée de piques avec des pointes de fer. Le joug avait, des deux côtés, trois espèces de glaives. Entre les rais des roues se voyaient plusieurs dards qui donnaient en dehors, et les jantes des mêmes roues étaient garnies de faulx qui mettaient en pièces tout ce qu'elles rencontraient [2]. » Quelquefois les faulx attachées à l'essieu tournaient par le moyen d'un ressort et détruisaient tout ce qui se trouvait dans la sphère de leur mouvement [3]. On conçoit quelles boucheries affreuses devaient produire sur un champ de bataille d'aussi redoutables machines. Nos projectiles, au moins, tranchent les jours d'un ennemi sans le mutiler et sans le bourreauder; et c'est un moyen d'ôter la vie presque doux en comparaison. Hélas! pour être délivrés à jamais de la guerre et de ses horreurs, quand pourrons-nous être délivrés entièrement de ses causes malheureuses et soustraits pour toujours à son principe fatal!

[1] Diodore de Sicile, l. XVII.

[2] Quinte-Curce, l. IV, n. 34.

[3] Rohrbacher, *Hist. univ. de l'Eglise catholique*, t. I, p. 274, édition Bordes frères, 1867. Voir aussi, relativement au mécanisme et à l'emploi des chars de guerre, les longs détails rapportés, d'après Végèce, Xénophon, Tite-Live, etc., par Rollin, *Histoire ancienne*, livre I, art. 37, n. 41, et livre IV, chap. 4, art. 2, n. 3.

Au temps de la famine, Joseph avait fourni du blé en abondance à tous les Egyptiens, et il avait obtenu, en retour, tout l'argent du peuple, ainsi que tous les chevaux, les brebis, les bœufs, les ânes et les terrains des cultivateurs [1]. Par cette mesure, il avait procuré au Pharaon des richesses immenses et un empire absolu sur son peuple. De cette époque date la grandeur suprême de l'Egypte, qui fut le berceau des sciences pour le reste du monde et le plus grand foyer de l'industrie humaine.

Pour juger combien sa puissance militaire était remarquable à ce moment, il convient de rapprocher les chiffres, indiquant la force de l'armée égyptienne à différentes époques.

1° Armée de Pharaon : *Deux cent cinquante mille six cents combattants* [2], décomposés de la façon suivante :

Fantassins	200,000
Cavaliers.	50,000
Chars d'élite	600
Total	250,600

2° Armée de Sésostris [3] : *Six cent cinquante-deux mille sept cents combattants* [4], décomposés de la façon suivante :

Fantassins	600,000
Cavaliers.	24,000
Chars de guerre . .	27,000
Officiers principaux.	1,700
Total	652,700

---

[1] Genèse, XLVII, 14-25.

[2] Josèphe, *Antiquités judaïques*, l. II, ch. 6; Rohrbacher, *Hist. univ. de l'Egl. cath.*, t. I, p. 359 de la 3ᵉ édition.

[3] On appelle aussi ce roi Egyptus, Sethos et Rhamsès VI ou Rhamsès-le-Grand. Voyez Rohrbacher, *Hist. univ. de l'Egl. cathol.* t. I, p. 350. Le *Magasin pittoresque*, année 1849, pages 90-101, contient un article très intéressant sur la *Table d'Abydos*, sur le *Papyrus Sallier* et sur *Rhamsès-le-Grand*; on peut très utilement le consulter.

[4] *Diodore de Sicile*, l. I, ch. 54; Hérodote, l. II, ch. 102; Rollin, *Histoire ancienne*, l. I, 3ᵉ partie.

3° Armée de Sésac[1] : *Un million soixante et un mille deux cents combattants*, [2] décomposés de la façon suivante :

Fantassins[3] 1,000,000
Cavaliers. 60,000
Chars de guerre . . 1,200
____
Total 1,061,200

4° Armée d'Osorchon, 30 ans après Sésac[4] : *Un million trois cent combattants*[5], décomposés de la façon suivante :

Fantassins et cavaliers . 1,000,000
Chars de guerre 300
____
Total. 1,000,300

La conclusion à tirer des chiffres qui précèdent c'est que la population mâle presque tout entière devait figurer dans ces armées immenses, et que *l'exercice militaire* formait aussi à cette époque, chez les Egyptiens, la base ordinaire de l'éducation des enfants ou des adolescents. Cette *éducation militaire* usitée en Egypte avait déjà frappé l'illustre Bossuet, qui a lui-même consacré à cet important sujet plusieurs pages remarquables.. « Il y a, dit-il, un art de former les corps aussi bien que les esprits. Cet art, que notre nonchalance nous a fait perdre, était bien connu des anciens ; et l'Egypte l'avait trouvé. Elle employait principalement à ce beau dessein la frugalité et les exercices. Dans un champ de bataille, qui a été vu par Hérodote, les crânes des Perses

[1] On appelle aussi ce roi Sésonchis, Sousak, et Schischak ou Schischok. Voyez Rohrbacher, *Hist. univ. de l'Egl. cath.* t. II, p. 268-269.

[2] II Paralipomènes, XII, 3 ; Rohrbacher, *Hist. univ. de l'Egl. cath.* t. II, p. 267.

[3] Cette infanterie innombrable se composait d'Egyptiens, de Lybiens, de Troglodytes et d'Ethiopiens.

[4] On appelle aussi ce roi Zara, Zarach, Zoroch, Zorch, Osorgon et Osorthon. Voyez Rohrbacher, *Hist. univ. de l'Egl. cathol.* t. II, p. 274.

[5] II Paralipomèues, XIV, 9 ; Rohrbacher, *Hist. univ. de l'Egl. cath.* t. II, p. 274.

aisés à percer, et ceux des Egyptiens plus durs que les pierres auxquelles ils étaient mêlés, montraient la mollesse des uns, et la robuste constitution qu'une nourriture frugale et de vigoureux exercices donnaient aux autres. La course à pied, la course à cheval, la course dans les chariots se pratiquait en Egypte avec une adresse admirable; et il n'y avait point dans tout l'univers de meilleurs hommes de cheval que les Egyptiens. Quand Diodore nous dit qu'ils rejetaient la lutte comme un exercice qui donnait une force dangereuse et peu durable, il a dû l'entendre de la lutte outrée des athlètes, que la Grèce elle-même, qui la couronnait dans ses jeux, avait blâmée comme peu convenable aux personnes libres; mais, avec une certaine modération, elle était digne des honnêtes gens; et Diodore lui-même nous apprend que le Mercure des Egyptiens en avait inventé les règles, aussi bien que l'art de former les corps. Il faut entendre de même ce que dit encore cet auteur touchant la musique. Celle qu'il fait mépriser aux Egyptiens, comme capable de ramollir les courages, était sans doute cette musique molle et efféminée qui n'inspire que les plaisirs et une fausse tendresse. Car pour cette musique généreuse dont les nobles accords élèvent l'esprit et le cœur, les Egyptiens n'avaient garde de la mépriser, puisque, selon Diodore même, leur Mercure l'avait inventée, et avait aussi inventé le plus grave des instruments de musique. Dans la procession solennelle des Egyptiens, où l'on portait en cérémonie les livres de Trismégiste, on voit marcher à la tête le chantre tenant en main *un symbole de la musique et le livre des hymnes sacrés.* Enfin, l'Egypte n'oubliait rien pour polir l'esprit, ennoblir le cœur et fortifier le corps. Quatre cent mille soldats qu'elle entretenait étaient ceux de ses citoyens qu'elle exerçait avec le plus de soin. Les lois de la milice se conservaient aisément, et comme par elles-mêmes, parce que les pères les apprenaient à leurs enfants: car la profession de la guerre passait de père en fils comme les autres;

et après les familles sacerdotales, celles qu'on estimait les
plus illustres étaient, comme parmi nous, les familles destinées aux armes[1]. Je ne veux pas dire pourtant que l'Egypte
ait été guerrière. On a beau avoir des troupes réglées et
entretenues, on a beau les exercer à l'ombre dans les travaux
militaires et parmi les images des combats, il n'y a jamais
que la guerre et les combats effectifs qui fassent les hommes
guerriers. L'Egypte aimait la paix, parce qu'elle aimait la
justice, et n'avait des soldats que pour sa défense. Contente
de son pays, où tout abondait, elle ne songeait point aux
conquêtes. Elle s'étendait d'une autre sorte, en envoyant ses
colonies par toute la terre, et avec elles la politesse et les
lois. Les villes les plus célèbres venaient apprendre en
Egypte leurs antiquités et la source de leurs plus belles institutions. On la consultait de tous côtés sur les règles de la
sagesse. Quand ceux d'Elide eurent établi les jeux olympiques,
les plus illustres de la Grèce, ils recherchèrent par une am-
bassade solennelle l'approbation des Egyptiens, et apprirent
d'eux de nouveaux moyens d'encourager les combattants.

« L'Égypte régnait par ses conseils ; et cet empire d'esprit
lui parut plus noble et plus glorieux que celui qu'on établit
par les armes. Encore que les rois de Thèbes fussent sans
comparaison les plus puissants de tous les rois de l'Égypte,
jamais ils n'ont entrepris sur les dynasties voisines, qu'ils
ont occupées seulement quand elles eurent été envahies par
les Arabes ; de sorte qu'à vrai dire ils les ont plutôt enlevées
aux étrangers qu'ils n'ont voulu dominer sur les naturels
du pays. Mais quand ils se sont mêlés d'être conquérants,
ils ont surpassé tous les autres[2]. »

[1] Un grand évêque de nos jours rendait encore dernièrement à la France le
même hommage que lui rend ici Bossuet. « Toute la terre, dit-il, nous envie
deux choses : *notre armée* et *notre clergé.* » Voir *La femme chrétienne et
française*, par Mgr Dupanloup, évêque d'Orléans, p. 116 de la 3ᵉ édition,
Paris, chez Douniol, 1868.

[2] *Discours sur l'histoire universelle*, 3ᵉ partie, ch. III.

Le premier conquérant qui parut chez les Égyptiens, fut le célèbre Sésostris [1]. Son histoire est des plus curieuses, et son éducation semble avoir été *foncièrement militaire*. Avec ce prince furent élevés *tous les enfants de son âge ;* c'étaient apparemment tous ceux de sa ville seule, et non pas tous ceux du pays ; ils étaient dix-sept cents. Ils furent placés sous les mêmes chefs et appliqués aux mêmes études. Ils vivaient à la cour avec le jeune prince, et on les éleva soigneusement sous les yeux du monarque. Ce régime confraternel était bien dans la manière des Égyptiens, c'est-à-dire d'accord avec les grandes pensées qui dès l'origine paraissaient naturelles chez ce peuple. C'est pourquoi il semble que ce n'était pas ici une exception à la règle établie, mais que tel était plutôt l'usage ordinaire ou la règle commune :

[1] Sésostris était un homme de très-haute taille. Il mesurait 4 coudées 5 palmes et 2 doigts. Mais on trouve dans l'histoire ancienne quelques exemples de géants qui possédaient une taille encore plus excessive. L'empereur Maximin avait 8 pieds 4 pouces romains. Artachée, l'un des généraux de l'armée de Xerxès, avait 5 coudées royales moins 4 doigts. Le géant Gabbara, envoyé d'Arabie à l'empereur Claude, avait 9 pieds 9 pouces romains. Le géant Goliath avait 6 coudées et un empan. Sous le règne d'Auguste, on vit à Rome un géant nommé Pusio et une géante nommée Secundilla, qui avaient chacun 10 pieds 3 pouces romains. Le géant Éléazar, juif de naissance, envoyé à l'empereur Tibère, par Artaban, roi des Parthes, avait 7 coudées de haut. Og, roi de Basan, avait lui même une taille si prodigieuse, qu'elle atteignait à 9 coudées. Nous n'ajouterons pas d'autres exemples ; mais il sera curieux de placer ici le tableau comparatif de ces différentes tailles :

Sésostris... ..	2ᵐ 363	équivalant à	4 coudées 5 palmes 2 doigts.
Maximin......	2 454	—	8 pieds 4 pouces romains.
Artachée......	2 550	—	5 coudées royales moins 4 doigts.
Gabbara......	2 871	—	9 pieds 9 pouces romains.
Goliath.......	2 925	—	6 coudées et 1 empan.
Pusio........	3 019	—	10 pieds 3 pouces romains.
Secundilla.....	3 019	—	10 pieds 3 pouces romains.
Éléazar.......	3 092	—	7 coudées.
Og...........	3 975	—	9 coudées.

Nous avons suivi dans ce tableau l'évaluation des anciennes mesures telle que la donne M. Saigey, dans son savant *Traité de Métrologie ancienne et moderne.*

d'aut int plus que la coutume générale chez les anciens fut, partout it toujours, d'élever les enfants en commun. Sésostris reçut donc, avec ses compagnons d'enfance, une éducation militaire. On leur apprenait : *la marche, l'équitation et la chasse* [1], c'est-à-dire l'exercice à pied, l'exercice à cheval et le maniement d'armes. En ce temps-là, on regardait la chasse, ou la guerre aux bêtes, comme l'apprentissage de la guerre aux hommes [2] ; et par le fait, ce sont toujours les peuples chasseurs qu'on a vus se signaler parmi les peuples guerriers. Telle est la raison de l'humeur belliqueuse qu'on remarque, à peu près toujours, chez les peuples montagnards. Accoutumé aux travaux guerriers, Sésostris fut entraîné par le goût des expéditions lointaines et par un esprit singulier d'aventures. A la tête d'une armée puissante de ses sujets, il fit la première conquête du monde. On sait combien la marche de ce premier conquérant fut rapide : il ne mit que *neuf ans* pour assujettir tous les princes, traverser tous les peuples, faire le tour de la terre habitée, et s'adjuger l'empire universel ou la puissance de roi des rois. C'était aller bon train, surtout dans un temps où il n'y avait que de mauvaises routes en bien des pays ; et peut-être même que, pendant tout son itinéraire, l'armée égyptienne dut s'avancer sans pouvoir suivre de route marquée, à peu près comme les chasseurs piétinent à travers champs ou fendent les broussailles des bois à travers mille obstacles. Il paraît cependant que certains peuples, d'une civilisation plus avancée, avaient déjà tracé des routes, puisque, dès le temps de Moïse et de

---

[1] Diodore, liv. I, ch. 54 ; Rollin, *Histoire ancienne*, liv. I, 3e partie. « L'éducation des enfants, dit Fleury, semble avoir été à peu près la même chez les Israélites que chez les Égyptiens et les Grecs les plus anciens. Ils leur formaient le corps par *le travail* et *les exercices* (militaires), et l'esprit par *les lettres* et *la musique*. » C'est ce que témoigne aussi Platon. Voyez Platon, *République*, liv. II et III, et Fleury, *Mœurs des Israélites*, 2e partie, ch. XI.

[2] Xénophon, *Cyropédie*, liv. I, ch. 2, n. 10 ; Rollin, *Histoire ancienne*, liv. I, 3e partie.

Josué, la Bible mentionne expressément la *Voie Royale* [1]
construite en Idumée et le fameux *Chemin de Basan* [2].
Sésostris, dans ses campagnes audacieuses, avait pour officiers principaux ses compagnons d'enfance : « il ne pouvait
avoir, dit Bossuet, de plus fidèles ministres, ni des compagnons plus dévoués de ses combats [3]. » L'armée entière
dépassait *six cent cinquante mille hommes ;* ce qui faisait un
chiffre énorme. Néanmoins, ce n'était encore qu'une faible
partie de la force intégrale de l'Égypte ; car on dit même
que la ville de Thèbes, à elle seule, pouvait fournir *sept cent
mille combattants* [4]. Ce ne serait aujourd'hui ni Paris, ni
Londres, qu'on verrait suffire à en produire autant, même avec
leur masse si prodigieuse de citoyens [5]. Sésostris éleva partout des monuments de ses victoires, avec des inscriptions
superbes où il était qualifié de *Roi des Rois et Seigneur des
Seigneurs* [6]. Il fit aussi construire des cartes de géographie,
pour décrire son vaste empire avec toutes ses provinces ; et
ce furent les premières cartes générales en usage chez les
anciennes nations [7]. Cent temples fameux furent érigés par
son ordre, en actions de grâces envers les dieux tutélaires
des différentes villes ou des divers pays ; et il eut soin de
publier, par les inscriptions, que ces grands ouvrages avaient

[1] Nombres, XX, 17. La Vulgate emploie ici l'expression *Via publica.*

[2] Nombres, XXI, 33.

[3] *Discours sur l'histoire universelle,* 3ᵉ partie, ch. III. Voir aussi, relativement à l'expédition de Sésostris et à ses fondations monumentales, le savant
article inséré par M. Pauthier dans le *Magasin pittoresque,* année 1849,
pages 98—101.

[4] Fleury, *Mœurs des Israélites,* 2ᵉ partie, ch. III ; Tacite, *Annales,*
livre II, 60.

[5] Paris compte actuellement *deux millions* d'habitants et *cinquante mille*
maisons sur *sept millions d'hectares* en superficie. Londres compte près de
trois millions d'habitants et *trois cent soixante-mille maisons* sur *trente-et-
un millions d'hectares* en superficie.

[6] Hérodote, liv. II, ch. 102.

[7] Apollonius, *Argonautiques,* livre IV.

été achevés sans fatiguer ses sujets. Il mettait sa gloire à les ménager et à ne faire travailler aux monuments de ses victoires que les captifs. C'est ainsi que Salomon lui-même n'employa que les peuples tributaires dans les grands ouvrages qui ont rendu son règne immortel. Les citoyens étaient attachés à de plus nobles exercices : ils apprenaient à faire la guerre et à commander [1].

Les chefs militaires étaient distingués en Égypte par des insignes qui frappaient tous les yeux. Les *Princes* ou les généraux portaient un *grand cordon couleur de pourpre,* apparemment mis en écharpe, ou peut-être en sautoir ; ils avaient au cou *un collier d'or,* analogue au hausse-col de nos officiers en tenue de service ; et leur habit était *de diverses couleurs,* ce qui était chez les anciens le nec plus ultra de la beauté. Lorsque Joseph fut nommé *Prince* ou généralissime de l'Égypte, il fut revêtu de ces divers insignes [2]; et il eut en même temps le privilége de porter l'*anneau royal* à son doigt, comme aussi celui de monter sur un char d'honneur, ce qui n'était permis qu'aux plus grands personnages. Quand Jacob revêtit Joseph encore enfant de la fameuse *robe de diverses couleurs* [3], cause de la haine violente de ses frères et peut-être aussi de ses propres songes où d'avance éclatait sa grandeur future, ce pouvait être un pressentiment de l'avenir. Chez les Phéniciens, les *Princes* avaient de même des *habits de diverses couleurs* [4], et c'était le signe particulier qui marquait leur grandeur. Au reste, les Phéniciens, les Philistins et la plupart des peuplades les plus rapprochées des Égyptiens avaient un système de guerre modelé entièrement sur celui de l'Égypte. Ils avaient des *Princes*, richement vêtus et décorés d'insignes éclatants, pour commander les corps

---

[1] **Bossuet,** *Discours sur l'histoire universelle,* 3e partie, ch. III.
[2] **Genèse, XLI, 42.**
[3] **Genèse, XXXVII, 3.**
[4] **Ézéchiel, XXVI, 16.**

d'armée [1]. Sous les Princes étaient des *Tribuns* ou chefs de mille hommes. Sous les Tribuns étaient des *Centurions* ou chefs de cent hommes, autrement dit des capitaines. Quant à la tactique suivie habituellement par les corps d'armées égyptiens, rien ne nous l'indique d'une manière assez claire. Il est probable que leurs fantassins manœuvraient par colonnes, se formaient en ligne, ou campaient comme les soldats hébreux; que leurs cavaliers chargeaient l'ennemi et l'écrasaient, comme font nos troupes à cheval; et qu'enfin leurs chars de guerre, lancés à toute vitesse, faisaient des trouées sanglantes à travers le gros des bataillons ennemis.

L'armement des Égyptiens comprenait : *l'épée, la lance, le bouclier, le casque et la cuirasse* [2]. Ils avaient donc tout à la fois l'arme offensive et l'arme défensive. On redoutait surtout leurs chars de guerre, qu'ils lançaient avec force et conduisaient avec adresse. Mais on ne voit pas que leurs guerriers aient jamais fait aucun usage des flèches. Les Égyptiens étaient *cavaliers* principalement; ils montaient des chevaux et des chars ; ils avaient aussi des corps d'infanterie, mais n'étaient pas archers. Cependant ils avaient à leurs portes un peuple archer par excellence : c'étaient ces redoutables Éthiopiens, ou cette espèce de géants dont la force invincible apparaissait dans leurs corps robustes et dans leurs bras nerveux. On sait comment le roi de cette nation voulut se moquer de la pourpre, des bracelets d'or et des parfums que lui offraient les ambassadeurs du roi des Perses. Prenant en main un arc qu'un Perse eût à peine soutenu, loin de le pouvoir tirer, il le banda en présence des ambassadeurs, et leur dit : « Voici le conseil que le roi d'Éthiopie donne au roi de Perse. Quand les Perses pourront

[1] Rois, XXIX, 2. La Vulgate emploie ici le mot *Satrapæ*, et ensuite le mot *Principes* comme son équivalent.

[2] Jérémie, XLVI, 3-4.

se servir aussi aisément que je viens de faire d'un arc de cette grandeur et de cette force, qu'ils viennent attaquer les Éthiopiens, et qu'ils amènent plus de troupes que n'en a Cambyse. En attendant, qu'ils rendent grâce aux dieux, qui n'ont pas mis dans le cœur des Éthiopiens le désir de s'étendre hors de leurs pays. » Cela dit, il débanda l'arc et le donna aux ambassadeurs [1].

On voit par cette anecdote combien ces montagnards africains étaient des guerriers forts et surtout des archers excellents. Pour l'adresse et la force, ils étaient pareils à Guillaume Tell, le fameux archer suisse; et pour l'humeur ou le caractère, ils se rapprochaient du célèbre Théodoros, roi actuel des Abyssins. On raconte de ces Éthiopiens à trempe si solide qu'ils se nourrissaient *de viande et de lait* [2], ce qui leur donnait d'une part cette force prodigieuse,

---

[1] Hérodote, liv. III, 20 ; Bossuet, *Discours sur l'histoire universelle*, 3e partie, ch. III.

[2] Le docteur Descieux, dans son excellent *Manuel d'hygiène*, prétend aussi que nos aliments les plus nutritifs sont : *le lait et la viande*. « La matière, dit-il, n'étant alimentée qu'à la condition de contenir en quantité suffisante de l'azote et du carbone, l'aliment le plus nutritif est, à poids égal, celui qui est le plus riche en carbone et en azote. A l'exception du lait et de la viande grasse, il n'existe pas de substances alimentaires qui satisfassent à cette condition : de là la nécessité d'une alimentation mixte, en partie végétale, en partie animale. » A propos de la puissance nutritive du lait, nous dirons que Monteil, le savant auteur de l'*Histoire des Français des divers états*, n'a vécu que de lait. On pourrait citer mille autres exemples pareils [*]. Les malheureux feraient donc mieux de recourir au lait qu'à l'absinthe. Le lait est d'ailleurs un contre-poison excellent ; et aujourd'hui surtout que le commerce abonde en boissons frelatées et en poisons alimentaires, il est important de réagir par l'emploi du lait contre l'effet pernicieux des denrées malsaines qui ont un accès forcé dans la consommation du plus grand nombre des bouches pauvres. Le lait renferme cinq élé-

---

[*] « L'archevêque Gélase d'Armagh, dit Fleury, était en opinion de sainteté et ne vivait que du lait d'une vache blanche, qu'il faisait mener partout avec lui. » (*Hist. eccl.* l. LXII, n. 38). En Irlande, sitôt qu'un enfant était né, le père ou le premier venu le plongeait trois fois dans de l'eau, et dans du lait si c'était l'enfant d'un riche. Cette ancienne coutume irlandaise subsistait encore au XIIe siècle, comme Fleury le remarque à l'occasion du Concile de Cassel. (*Hist. eccl. loc. cit.*)

et d'autre part les faisait vivre en moyenne jusqu'à cent vingt ans[1]. Un célèbre agronome de nos jours, Mathieu de Dombasle, préconise beaucoup l'emploi du lait comme alimentation, et prétend aussi que lait est la nourriture des hommes forts[2].

Les Egyptiens paraissent n'avoir pas plus imité les Ethiopiens dans l'usage du lait que dans l'usage des flèches. Ils faisaient bouillir des *marmites de viande* et ils avaient *le pain à satiété*[3]. Ce régime, à base fortifiante, était varié et complété par divers accessoires, tels que : *le rôti, le poisson, les concombres, les melons, les porreaux, les ognons, l'ail, les figues, les grenades, le raisin en grappe et en jus*[4], c'est-à-dire à peu près tout ce qu'on peut imaginer d'excellent comme nourriture ou comme boisson. Il est vrai que les vignes, en Egypte, étaient assez rares ; mais les Egyptiens, comme il est probable, tiraient leurs vins de la Judée ou de l'Idumée[5]. Ils pouvaient aisément les faire venir à dos de chameaux, par les marchands Ismaélites ; ils pouvaient encore se les procurer par le transport des vaisseaux phéniciens ou de leurs vaisseaux propres.

ments, les mêmes que ceux de la viande, savoir : albumine, gélatine, fibrine, graisse ou caséine, et osmazône. Ces cinq éléments sont tous nécessaires à l'alimentation, d'après les autorités médicales les plus compétentes. D'où s'ensuit l'erreur de ceux qui ont voulu réduire l'alimentation à la gélatine, tels que le célèbre Darcet. Les chiens même n'ont pas voulu de la gélatine Darcet. Pythagore en son temps, et de nos jours Cabanis sont tombés dans un autre excès, en voulant condamner l'humanité à une nourriture végétale. Il est impossible de se nourrir exclusivement de végétaux, à moins de vouloir, dit encore Descieux, « donner au corps une contexture lâche et molle qui prédispose aux affections chroniques. »

[1] Hérodote, l. III, n. 114 ; Rohrbacher, *Hist. univ. de l'Egl. cath.*, t. II, p. 242.

[2] OEuvres posthumes, *Traité d'Agriculture*, t. I.

[3] Exode, XVI, 3.

[4] Nombres, XI, 4 et 5 ; XX, 5.

[5] Hérodote, l. II, ch. 77 ; Roland, *Palæstina monumentis veteribus illustrata* ; Rohrbacher, *Hist. univ. de l'Egl. cath.*, t. I, p. 542.

A côté de ce régime confortable des Egyptiens, mais surtout à côté de l'esprit militaire qui présidait à leur éducation, quand même on ne le voyait pas se révéler au dehors par des expéditions lointaines, nous voyons en Egypte une civilisation florissante, qui émerveilla le monde pendant les premiers siècles et qui servit longtemps d'école aux Sages de la Grèce, par ses arts, ses sciences et sa philosophie [1].

Le labourage, connu dès l'origine du monde, avait fait de l'Egypte un pays sans égal pour la production du blé et des

[1] Bossuet résume, avec son génie ordinaire, les traits principaux de la civilisation antique de l'Egypte dans le *Discours sur l'histoire universelle.*

Clément d'Alexandrie nous a transmis (*Stromates*, livre VI,) un détail de la science des Egyptiens, dans la description de la procession d'Isis: « *Le chantre*, dit-il, s'avance le premier; il porte un des instruments, symboles de la musique, et deux livres de Mercure contenant, l'un des hymnes religieux, l'autre la liste des rois. Après lui, *l'horoscope* paraît avec une palme et une horloge, symboles de l'astrologie: il doit savoir par cœur les quatre livres de Mercure qui traitent de l'astrologie, le premier sur l'ordre des planètes, le second sur les levers du soleil et de la lune, et les deux autres sur les levers et les aspects des astres. *L'écrivain sacré* vient ensuite, ayant des plumes sur la tête, et en main un livre, de l'encre, une plume en roseau; il doit connaître les hiéroglyphes, la description de l'univers, le cours du soleil, de la lune, des planètes, la division géographique de l'Egypte, le cours du Nil, les instruments, les ornements sacrés, les lieux saints, les mesures, etc. Puis vient le *prêtre*, qui porte la coudée de justice, ou mesure du Nil, et un calice pour les libations: sa charge l'oblige à la connaissance de dix volumes concernant les sacrifices, les hymnes, les prières, les offrandes, les cérémonies, les fêtes. Enfin arrive le *prophète*, qui porte dans son sein et à découvert une cruche, et qui mène à sa suite ceux qui portent les pains: il apprend dix volumes qui traitent des lois, des dieux et de toute la discipline des prêtres. Or, il y a en tout quarante-deux volumes, dont trente-six sont appris par ces personnages. Les six autres sont du ressort des *pastophores*; ils traitent de la médecine, de la structure, du corps humain, des maladies, des médicaments, des instruments, etc. » Nous laissons à déduire au lecteur toutes les conséquences d'une pareille encyclopédie. Mais il paraît que ces livres antiques, à l'origine desquels Abraham, Jacob, Joseph et Moïse ont pu concourir par leurs relations particulières avec l'Egypte, sont eux-mêmes la source de tout ce que nous ont transmis les Latins et les Grecs dans toutes les sciences, y compris même les sciences occultes et tous les rêves de l'alchimie ou de l'astrologie.

divers fruits de la terre [1]. C'est parce que les Egyptiens avaient à un si haut degré le génie agricole, qu'ils eurent en même temps le génie de la guerre et le génie des sciences. En effet, nous avons démontré le rapport intime qui associe entre eux constamment ces génies divers, et qui les fait concourir tous au développement religieux, spirituel et corporel de l'homme et de la société. Nous avons constaté chez les Hébreux cette harmonie heureuse; nous pouvons faire aussi la même remarque chez les Egyptiens, surtout aux grandes époques de leur intéressante histoire.

L'astronomie, l'arithmétique, la géométrie, la musique, la poésie et la médecine avaient reçu en Egypte un développement extraordinaire. Toutes les sciences ont été en grand honneur, dès les premiers temps, dans ce pays favorisé du ciel.

Dieu a des pensées qui ne sont pas les nôtres; il fait luire son soleil pour tout le monde, et il permet que les enfants de ténèbres soient en général plus prudents, plus sages que les enfants de lumière. Mille exemples le prouvent. Ainsi, Caïn fut un grand coupable : et pourtant Dieu lui donna des lumières et des talents qu'on ne voit point chez Seth, son pieux frère. Caïn, en effet, bâtit la première ville [2]. Un descendant de Caïn, Jabel, imagina les premières tentes et traça des règles pour l'éducation des troupeaux. Jubal, frère de Jabel, inventa la cithare et l'orgue, et découvrit l'art enchanteur de la musique. Tubalcaïn, frère des deux précédents, fut encore un artiste; il forgea le fer et le cuivre, et il apprit à former toutes sortes d'ouvrages au

---

[1] Genèse, XLI, 47-49; Exode, XVI, 3; Nombres, XX, 5; Plutarque, *De Isid. et Osir.*; Diodore, l. l, sect. I, n. 8. Le plus savant des Juifs, Maïmonides, observe très-justement que « les peuples anciens étaient entièrement adonnés à l'agriculture. » Sous le nom d'*anciens peuples*, ce docte rabbin entend particulièrement les Chaldéens, les Egyptiens et les Arabes sabéens. Voyez Maïmonides, *More Nebuchim*, partie III, ch. IX.

[2] Genèse, IV, 17.

moyen des métaux. Leur sœur Noéma, industrieuse à son tour, inventa l'art des tissus communs et celui des belles tapisseries de luxe [1]. Voilà comment les premiers arts furent inventés par la descendance de Caïn.

Après le déluge, il en fut de même qu'auparavant. Ainsi, Cham fut un mauvais fils ; s'il ne tua pas son frère, il se moqua de son père, et ce scandale lui attira une malédiction qui, jusqu'à la fin, doit peser sur sa race. Cependant, son petit-fils Mizraïm eut la gloire de constituer l'Égypte et d'y régner sur un peuple intelligent, dont les lumières ont contribué principalement à éclairer et policer le monde. Ses autres descendants donnèrent pareillement naissance à des populations très-distinguées : tels furent, par exemple, les Phéniciens, les Philistins et les Chananéens. Mais c'est en Égypte principalement que les arts et les sciences commencèrent à briller depuis le déluge. C'est en Égypte que furent écrits les premiers livres. C'est en Égypte que l'on vit pour la première fois des *Bibliothèques,* et qu'on les désigna sous le nom si beau de *Trésor des remèdes de l'âme* [2]. On cite particulièrement la *Bibliothèque d'Osymandias :* c'était dans la grande Thèbes qu'elle existait. Les observations faites de nos jours ont permis à Champollion de reconnaître son emplacement et de la voir revivre au milieu de ses ruines. Elle occupait une partie du *Rhamesseïon* ou palais de Rhamsès. Sur une porte qui conduisait de l'une des pièces de l'édifice à une autre pièce, Champollion a pu lire une inscription où il est dit que cette porte a été *recouverte d'or pur.* Douze petits bas-reliefs, figurés sur les jambages et le bandeau de cette même porte, y représentent le roi Rhamsès adorant la divinité. Au bas des jambages, on voit deux divinités sculptées

[1] Genèse, IV, 20-22.

[2] Diodore de Sicile, liv. I ; Godeau, *Histoire de tous les peuples,* t. I, p. 69, 3e édition ; Champollion, *Lettres écrites de l'Égypte,* lettre 7e.

ayant la face tournée vers l'ouverture de la porte, et regardant la seconde salle placée ainsi sous leur juridiction. A gauche, c'est Thoth, le dieu des sciences et des arts, l'inventeur des lettres ; à droite, c'est la déesse Saf, compagne du dieu Thoth, portant le titre remarquable de *Dame des lettres et Présidente de la Bibliothèque* [1].

'Quant aux autres monuments égyptiens, ils furent visités d'une manière solennelle à différentes reprises et après chaque révolution du monde, savoir : par les Babyloniens des successeurs du grand Cyrus, par les Grecs d'Alexandre, par les Romains de Pompée et de Germanicus, par les Arabes des successeurs de Mahomet, par les Français de S. Louis et de Napoléon Ier. Ils sont décrits et vantés par Homère, Hérodote, Diodore, Pomponius Méla, Strabon, Pline et Tacite parmi les anciens, et en même temps par Thévenot, Bossuet, Rollin, Volney et Champollion parmi nos auteurs ou nos voyageurs. Des temples, des palais, des colonnes, des statues, des pyramides, le lac Mœris, les écluses et les chaussées du Nil, le Labyrinthe et le canal de Rhamsès ou de Néchao, première et antique conception du canal maritime de Suez : tels sont ces monuments fameux, dont la connaissance est vulgaire. Bossuet, qui excelle à juger les grandes choses, paraît se complaire à vanter les travaux du Nil. « L'Égypte, dit-il, était le plus beau pays de l'univers, le plus abondant par la nature, le mieux cultivé par l'art, le plus riche, le plus commode et le plus orné par la magnificence de ses rois. Il n'y avait rien que de grand dans leurs desseins et dans leurs travaux. Ce qu'ils ont fait du Nil est incroyable. Il pleut rarement en Égypte : mais ce fleuve, qui l'arrose toute par ses débordements réglés, lui apporte les pluies et les neiges des autres pays.

---

[1] Godeau, *Histoire de tous les peuples*, t. I, p. 67. Il semblerait, d'après un passage de Juvénal, que les bibliothèques romaines avaient une disposition analogue à celles de l'Égypte. Voyez Juvénal, *Satires*, III, vers 204 :

Hic libros dabit, et forulos, mediamque Minervam.

« Pour multiplier un fleuve si bienfaisant, l'Égypte était traversée d'une infinité de canaux d'une longueur et d'une largeur incroyable. Le Nil portait partout la fécondité avec ses eaux salutaires, unissait les villes entre elles, et la grande mer, avec la mer Rouge, entretenait le commerce au dedans et au dehors du royaume, et le fortifiait contre l'ennemi : de sorte qu'il était tout ensemble et le nourricier et le défenseur de l'Égypte. On lui abandonnait la campagne ; mais les villes, rehaussées avec des travaux immenses et s'élevant comme des îles au milieu des eaux, regardaient avec joie, de cette hauteur, toute la plaine inondée et tout ensemble fertilisée par le Nil. Lorsqu'il s'enflait outre mesure, de grands lacs, creusés par les rois, tendaient leur sein aux eaux répandues. Ils avaient leurs décharges préparées : de grandes écluses les ouvraient ou les fermaient selon le besoin ; et les eaux, ayant leur retraite, ne séjournaient sur les terres qu'autant qu'il fallait pour les engraisser.

« Tel était l'usage de ce grand lac qu'on appelait le lac de Myris ou de Mœris : c'était le nom du roi qui l'avait fait faire. On est étonné quand on lit (ce qui néanmoins est certain) qu'il avait de tour environ cent quatre-vingts de nos lieues. Pour ne point perdre trop de bonnes terres en le creusant, on l'avait étendu principalement du côté de la Libye. La pêche en valait au prince des sommes immenses ; et ainsi quand la terre ne produisait rien, on en tirait des trésors en la couvrant d'eaux. Deux pyramides, dont chacune portait sur un trône deux statues colossales, l'une de Myris et l'autre de sa femme, s'élevaient de trois cents pieds au milieu du lac et occupaient sous les eaux un pareil espace. Ainsi elles faisaient voir qu'on les avait érigées avant que le creux eût été rempli, et montraient qu'un lac de cette étendue avait été fait de main d'homme sous un seul prince. Ceux qui ne savent pas jusqu'à quel point on peut ménager la terre, prennent pour fable ce qu'on raconte du nombre des villes d'Égypte. La richesse n'en était pas moins incroyable,

Il n'y en avait point qui ne fût remplie de temples magnifiques et de superbes palais. L'architecture y montrait partout cette noble simplicité et cette grandeur qui remplit l'esprit. De longues galeries y étalaient des sculptures que la Grèce prenait pour modèles. Thèbes le pouvait disputer aux plus belles villes de l'univers. Ses cent portes, chantées par Homère, sont connues de tout le monde. Elle n'était pas moins peuplée qu'elle était vaste ; et on a dit qu'elle pouvait faire sortir ensemble dix mille combattants par chacune de ses portes. Qu'il y ait, si l'on veut, de l'exagération dans ce nombre, toujours est-il assuré que son peuple était innombrable. Les Grecs et les Romains ont célébré sa magnificence et sa grandeur, encore qu'ils n'en eussent vu que les ruines, tant les restes en étaient augustes [1]. » Les pyramides, au pied desquelles Napoléon livra bataille à Mourad-Bey, excitèrent l'admiration et l'exaltation du conquérant français. En les montrant de loin à ses soldats, il s'écria, dans son enthousiasme : *Du haut de ces monuments, quarante siècles nous contemplent !* Les pyramides sont des édifices à proportions gigantesques. Elles ont une base carrée qui se termine en pointe, et renferment ordinairement plusieurs cavités, avec des couloirs ou galeries dans l'intérieur [2]. Celles de Memphis, au nombre de trois, sont les plus grandes. Ce que les voyageurs modernes en ont vu est assez conforme à la description qui en est faite par les anciens auteurs. La plus grande, assise sur le roc vif qui lui sert de fondement, présente au dehors une succession ou superposition de gradins, qui vont toujours en diminuant, depuis la base jusqu'au sommet. Le spectateur croit que le monument se termine en pointe, en observant le sommet du bas ; mais il est trompé par l'erreur de ses yeux, résultat de la hauteur

[1] *Discours sur l'histoire universelle*, 3e partie, ch. III.

[2] On compte environ quarante pyramides de diverses grandeurs sur une étendue de seize lieues au plus. Voir la description, avec gravures, qui en est faite dans le *Magasin pittoresque*, année 1833, p. 345-347 et 382-383.

prodigieuse de cette pyramide. Ce sommet, qui semble pointu, est en réalité une plate-forme dont la circonférence mesure environ soixante pieds, ou vingt mètres. Les pierres employées dans cette construction gigantesqne sont des blocs de la plus forte taille ; elles ont trente pieds de longueur, dix à douze pieds de hauteur, avec une largeur à peu près égale ; elles sont toutes posées sans mortier ni ciment, et néanmoins si rapprochées et si bien assorties entre elles qu'il est impossible d'introduire dans les jointures même une lame de couteau. La hauteur perpendiculaire de cette pyramide est de quatre cent quarante-huit pieds, ou cent cinquante mètres ; ce qui donne environ cinq mètres de plus que la hauteur de la tour de Strasbourg, l'édifice le plus élevé de l'Europe. Chaque côté de la base mesure sept cent vingt pieds, ou deux cent quarante mètres, et la base entière occupe une superficie de cinq cent soixante-seize ares ; ce qui montre à quel point sa masse est colossale et bien faite pour étonner la plus vaste imagination. Cent mille ouvriers, dit-on, y travaillèrent pendant huit ans [1]. Une pareille construction coûterait aujourd'hui le double du budget annuel de la France. Mais quand reverra-t-on jamais la construction de monuments semblables ?

[1] Le bon Rollin, dans son *Traité des Études*, t. III, p. 31, fait sur les pyramides les réflexions suivantes : « Il y a peu de personnes qui entendent parler des fameuses pyramides d'Égypte sans être transportées d'admiration et sans se récrier sur la grandeur et la magnificence des princes qui les bâtirent. Je ne sais si cette admiration est bien fondée, et si ces masses énormes de bâtiments, qui coûtèrent des sommes immenses, qui firent périr un nombre infini d'hommes employés à ces travaux, et qui n'étaient que pour la pompe et l'ostentation, sans être destinés à aucun usage solide ; si, dis-je, de tels bâtiments méritent qu'on en parle avec tant d'éloges. La vraie élévation ne consiste pas à désirer ou à faire ce qu'une imagination déréglée ou une erreur populaire représente comme grand et magnifique. Elle ne consiste pas à tenter des choses difficiles, par l'attrait même de la difficulté. Elle ne se sent pas excitée par l'idée du merveilleux et par le plaisir de surmonter l'impossible, comme l'histoire l'a remarqué au sujet de Néron : *Erat incredibilium cupitor*. Cicéron ne trouve d'ouvrages et de bâtiments véritablement dignes

Après tout ce que l'on sait des merveilles enfantées par les sciences et les arts incomparables de l'Égypte, on s'étonnera peu de voir ce peuple savant cultiver déjà les langues étrangères. En effet, les Égyptiens étaient des hommes capables de converser en plusieurs langues. On voit, de temps en temps, l'histoire s'arrêter à mentionner leurs *interprètes* ; et la Bible même en parle avant tous les auteurs profanes. Dans l'histoire de Joseph, il est question des *interprètes de la cour* [1] ; Joseph les employa, comme s'il avait eu besoin de leur ministère, pour converser avec ses frères ; ils savaient donc le *syrien* ou l'*hébreu*. Hérodote parle aussi, plus tard, des *interprètes d'Eléphantine* [2], chez ceux qu'il nomme Icthyophages ou mangeurs de poissons ;

d'admiration que ceux qui ont pour but l'utilité publique : des aqueducs, des murailles de villes, des citadelles, des arsenaux, des ports de mer. Il remarque que Périclès fut justement blâmé d'avoir épuisé le trésor public de la Grèce pour embellir la ville d'Athènes et l'enrichir d'ornements superflus. »

Volney, dans ses *Ruines*, t. I, note 9, fait à peu près les mêmes doléances : « Pendant vingt ans, dit-il, cent mille hommes travaillèrent jour et nuit à bâtir la pyramide du roi Chéops. Supposons par an seulement 300 jours, à cause du sabbat, et ce sera 30 millions de journées de travail en une année, et 600 millions de journées en vingt ans ; à 15 sous par jour, ce sera 450 millions de francs perdus sans aucun produit ultérieur. Avec cette somme, si ce roi eût fermé l'isthme de Suez d'une *forte muraille* comme celle de la Chine, la destinée de l'Égypte eût été tout autre ; les invasions étrangères eussent été arrêtées, anéanties, et les Arabes du désert n'eussent ni conquis ni vexé ce pays. Que de milliards perdus à mettre pierre sur pierre ! »

En ne considérant les choses que d'un côté seul, on fait volontiers ces raisonnements boiteux. Mais pour juger sainement des grandes entreprises humaines, il faut voir un ensemble qui se rattache aux notions supérieures d'une existence laborieuse de l'homme terrestre et d'une providence divine, dont nous ne pouvons, avec nos faibles lumières, pénétrer tous les secrets. Il se fait en ce monde, par la volonté de Dieu, bien des choses que nous ne comprenons guère. Mais ce que l'esprit de Dieu inspire aux peuples et aux rois peut être bon et utile, sans que notre esprit en comprenne l'utilité ou la bonté. Les grandes entreprises humaines que Dieu permet ou suscite directement ont toujours leur côté utile.

[1] Genèse, XLII, 23.

[2] Hérodote, l. III, 17.

on voit qu'ils savaient le *persan*, puisqu'ils interprétèrent la *langue éthiopienne* à Cambyse, apparemment dans la langue propre de ce roi des Perses. Cette connaissance des langues étrangères chez les Égyptiens est déjà un progrès fort remarquable pour l'époque. Elle mérite d'être signalée parmi les gloires nombreuses et les attributs divers de ce merveilleux peuple.

Un trait assez général chez les Orientaux, mais plus particulier aux Égyptiens, c'est l'usage des énigmes. Les sages d'Héliopolis, principalement, étaient des personnages d'esprit subtil et savants en questions énigmatiques. On sait la question qu'ils proposèrent à Esope, au milieu d'un grand repas: « Il y a un grand temple qui est appuyé sur une colonne entourée de douze villes ; chacune desquelles a trente arcs-boutants , et autour de ces arcs-boutants se promènent deux femmes, l'une blanche, l'autre noire. » — « Il faut renvoyer, dit Esope, cette question aux enfants de notre pays. Le temple est le monde; la colonne, l'an ; les villes, ce sont les mois ; et les arcs-boutants, les jours, autour desquelles se promènent alternativement le jour et la nuit[1]. » Les rois d'alors s'envoyaient les uns aux autres de pareilles questions à résoudre. C'étaient des problèmes sur toutes sortes de matières. Il y avait une espèce de tribut ou d'amende à payer ou à recevoir, selon qu'un des rois répondait bien ou mal aux questions proposées. On en voit des exemples rapportés dans la *Vie d'Esope ;* ce sont les énigmes suivantes, adressées par Nectanébo, roi d'Égypte, à Lycérus, roi de Babylone: « 1º Où trouver des architectes qui sachent bâtir une tour en l'air ? 2º Où trouver un homme prêt à répondre sur toutes sortes de questions? 3º J'ai des cavales en Égypte qui conçoivent au hennissement des chevaux qui sont auprès de Babylone : qu'avez-vous à répondre là-dessus? » Le sage Ésope, qui possédait toutes

---

[1] *La Vie d'Esope,* en tête des *Fables* de la Fontaine.

les finesses de la philosophie, sut répondre d'une manière adroite à ces diverses questions. Il en fut de même de Thalès, autre philosophe en renom. Amasis, roi d'Égypte, avait envoyé au roi d'Ethiopie les questions suivantes : « Qu'y a-t-il de plus ancien, de plus grand, de plus sage, de plus beau, de plus commun, de plus utile, de plus nuisible, de plus fort, de plus facile ? » Le roi d'Ethiopie avait fait une réponse qui paraissait bonne, mais que Thalès critiqua justement et remplaça par une meilleure, ainsi qu'on peut voir, dans le tableau suivant, par un simple coup-d'œil :

QUESTIONS D'AMASIS, ROI D'ÉGYPTE	RÉPONSES DU ROI D'ETHIOPIE	RÉPONSES DE THALÈS
1° Qu'y a-t-il de plus ancien ?......Le temps		Dieu.
2° Qu'y a-t-il de plus grand ?.......Le monde		L'espace.
3° Qu'y a-t-il de plus sage ?........La vérité		Le temps.
4° Qu'y a-t-il de plus beau ?........La lumière		Le monde.
5° Qu'y a-t-il de plus commun ?.....La mort		L'espérance.
6° Qu'y a t-il de plus utile ?........Dieu		La vertu.
7° Qu'y a-t-il de plus nuisible ?.....Le démon		Le vice.
8° Qu'y a-t-il de plus fort ?........La fortune		La nécessité.
9° Qu'y a-t-il de plus facile ?.......Le plaisir		Ce qui est naturel.

Ces questions que proposait Amasis furent résolues par Thalès au banquet des sept sages, dont Plutarque nous a laissé la relation[1]. Déjà la Bible nous montre Samson apportant un pareil problème au milieu d'un festin, et promettant trente habits complets pour la récompense de ceux d'entre les Philistins qui sauraient deviner la réponse[2]. Plus tard, la reine de Saba faisait à Salomon des questions du même genre, et Salomon savait répondre à toutes les énigmes de cette reine savante avec une sagesse qui triomphait comme

[1] Plutarque, *Banquet des sept sages ;* Rohrbacher, *Hist. univ. de l'Égl. cathol.,* t. III, p. 209—210.

[2] Juges, XIV, 12—13.

en se jouant des plus ardus problèmes[1]. Ces énigmes entre
savants durèrent jusqu'à l'époque de Charlemagne, et l'enseignement du célèbre Alcuin roulait encore sur des questions
à peu près du même genre[2]. Ils duraient même en France
du temps de Pascal, qui proposa durant quelque temps
divers problèmes aux savants de l'époque[3], tels que ses
problèmes sur la roulette et mille autres, qui ont singulièrement contribué aux progrès des mathématiques supérieures,
de l'astronomie et de la physique dans ces deux derniers
siècles.

L'Egypte, qui fut si grande par ses monuments et par ses
sciences pendant de longs siècles, n'a pas conservé jusqu'à
la fin des temps sa merveilleuse prééminence. Mais sa chute
peut encore nous servir de leçon. L'Egypte avait une
milice soigneusement entretenue pendant tout le temps
qu'elle fut florissante et prospère. « Nous voyons sur la fin,
dit Bossuet, que les troupes étrangères font toute sa force ;
ce qui est un des plus grands défauts que puisse avoir un
état[4]. » La décadence de l'esprit militaire, voilà donc la
cause principale de la ruine de l'Egypte. Ce grand pays se
trouva plongé dans une idolâtrie extrême; il perdit ainsi
toute religion et toute force morale. Par un enchaînement
ordinaire dans la conduite des choses humaines, la chute de
l'agriculture en Egypte y suivit celle de la religion, et l'éner-
gie physique elle-même fut presque éteinte dans les populations. L'art militaire vit ainsi crouler chez les Egyptiens
ses bases fondamentales, l'agriculture et la religion, d'où
l'homme tire à la fois sa force physique et sa force morale.
Toute la civilisation croula aussitôt sur ce sol, jadis fortuné,
qui l'avait vue si longtemps fleurir et s'incarner dans de si

[1] III Rois, X, 1—3 ; II Paralipomènes, IX, 1—2.

[2] OEuvres d'Alcuin, *Disputatio*, t. II, p. 552—584 ; Aug. Savagner, article
Charlemagne, dans l'*Encyclopédie catholique*, t. VI, p. 649.

[3] Montucla, *Histoire des Mathématiques*, t. IV, édition in-4°.

[4] *Discours sur l'histoire universelle*, 3° partie, ch. III.

belles merveilles, dont la plupart sont en ruines, mais dont quelques-unes restent debout, après avoir bravé l'effort de quarante siècles. N'est-ce pas encore une preuve suffisante de la thèse que nous formulons en ces mots: « L'art militaire et l'agriculture se tiennent par la main, en se formant un appui mutuel; et ils s'allient étroitement avec la Religion, de manière à constituer par leur union une trinité sociale[1]. Or, de la Religion découlent tous les bienfaits, comme l'histoire le démontre et comme Jésus-Christ l'a promis: *Quærite primùm regnum Dei, et omnia hæc adjicientur vobis* [2]. »

______

[1] Cette thèse a déjà été démontrée assez longuement et assez solidement dans le premier chapitre, où nous traitons *de l'esprit militaire et de l'éducation nationale des Hébreux*. Elle reviendra, comme conclusion finale, dans tous les chapitres suivants.

[2] Matth. VI, 33.

CHAPITRE II

DE L'ESPRIT MILITAIRE ET DE L'ÉDUCATION NATIONALE
DES BABYLONIENS [1]

Le premier empire a commencé chez les Babyloniens
avec Nemrod, qui fut le premier potentat. Ce potentat fut
un chasseur, c'est-à-dire un guerrier. Son royaume fut la
terre de Sennaar, ou Mésopotamie, où s'éleva Babylone
avec trois autres villes, que la Bible nomme Arach, Achad
et Chalanné. Nemrod était le petit-fils de Cham et le neveu
de Mizraïm ou Mesraïm, fondateur de l'Égypte. Assur, le
second fils de Sem, sortit d'avec les Babyloniens et fonda
Ninive, Chalé et Résen. Il imagina de faire à Ninive de
grandes places pouvant servir à des rassemblements et déjà
peut-être à l'exercice des armes [2]. Babylone étant établie

[1] Sous ce nom générique de Babyloniens, nous comprenons tout à la fois
les Assyriens, les Chaldéens, les Mèdes et les Perses. C'est ainsi que fait
l'abbé Rohrbacher : « L'Assyrie, dit-il, la Chaldée, la Médie et la Perse peuvent
être considérées comme les quatre provinces d'un même empire. Quelquefois
elles formaient des états séparés ; le plus souvent, elles composaient une vaste
monarchie, dont le centre fut successivement Ninive, Babylone, Ecbatane ou
Suze, et Persépolis, suivant que l'une des provinces venait à dominer. » Vovez
Rohrbacher, *Hist. univ. de l'Église cathol.*, t. II, p. 325.

[2] Genèse, X, 8-12.

dans une plaine, il fallut la construire en briques et en bitume, et non pas en pierres et mortier. Sa tour fameuse devait s'élever jusqu'à toucher le ciel. On voit par là quelle audace animait ses présomptueux architectes. Dieu ne voulut pas souffrir cette entreprise téméraire, où l'esprit humain aurait pu placer son orgueil; et la dispersion du genre numain fut accomplie à la suite d'une confusion des langues. Le monument resta inachevé, et ce fut véritablement une tour de Babel ou de confusion [1]. Babylone n'est que le nom de Babel, légèrement altéré. Quand on pense à la tour de Babel et à ses dimensions colossales, on s'explique très-bien que tous les peuples aient cherché, dans l'origine, à bâtir en grand, comme faisaient surtout les Égyptiens d'Afrique, les Pélasges d'Europe, les Indiens d'Asie, et même les Mexicains sous le ciel d'Amérique. C'était un souvenir des premiers temps, une tradition fidèle qu'ils avaient conservée. Ce trait seul marque entre les divers peuples une commune origine, et confirme ce que nous apprend la Bible au sujet de leur parenté. Les pyramides et les autres monuments élevés par les Égyptiens, les monuments cyclopéens ou pélasgiques, ceux de Palenqué dans le Guatémala, ceux d'Éléphanta ou Gharipour, à côté de Bombay, et toutes les massives constructions des Hindous, auxquelles il faut aussi joindre la grande muraille qui subsiste encore au nord de la Chine [2] : voilà une confirmation de l'histoire de la tour de Babel et un commentaire au chapitre XI de la Genèse.

De même que Thèbes et Memphis étaient placées sur le Nil, de même aussi nous voyons Ninive placée sur le Tigre et Babylone placée sur l'Euphrate. Les grandes populations

---

[1] Genèse, XI, 2-9; II Rois, XXXII, 6.

[2] Godeau, *Histoire de tous les peuples*, t. I, p. 221. Voir, sur la *grande muraille* de la Chine et sur les monuments de Pékin, une lettre de Mgr Verrolles, dans les *Annales de la Propagation de la Foi*, numéro de juillet 1867. Voir aussi les ouvrages intéressants du P. Huc, et le *Magasin pittoresque*, année 1833, p. 149.

se sont toujours assises à côté des grands fleuves. Mésopotamie veut dire un pays situé entre deux fleuves ; ce qui marque une région fertile, habitée par un peuple d'agriculteurs et par conséquent par un peuple guerrier. On n'est pas agriculteur sans courage, et celui qui n'est pas guerrier, n'est pas ouvrier non plus ; il reste efféminé, voluptueux, et ce n'est qu'un misérable et lâche épicurien, bon seulement à vivre comme un parasite dans la société, dont il est la honte et le fléau tout à la fois. Mais nous voyons que les Babyloniens, efféminés plus tard à l'excès sous leur Sardanapale, furent des guerriers dans les commencements de leur empire et à toutes les époques fameuses de leur histoire. Un rapprochement de chiffres va nous aider à mettre leur caractère guerrier dans toute son évidence.

1º Armée de Ninus [1] : *Un million neuf cent vingt mille six cents combattants*, décomposés de la façon suivante :

Fantassins	1,700,000
Cavaliers.	210,000
Chars armés de faulx. . .	10,600
Total.	1,920,600

2º Armée de Sennachérib [2] : *Quatre cent mille combattants environ*, divisés en trois corps, de cette façon :

Corps de Rabsacès	Fantassins	120,000	ensemble	132,000
	Cavaliers	12,000		
Corps de Rabsaris	Fantassins	120,000	ensemble	132,000
	Cavaliers	12,000		
Corps de Tartan	Fantassins	120,000	ensemble	132,000
	Cavaliers	12,000		
			Total.	396,000

[1] Diodore de Sicile, l. I, ch. 54.

[2] L'effectif de cette armée n'est pas bien précisé dans la Bible, qui se sert des termes assez vagues de *manu valida* (IV Rois, XVIII, 17), *manu gravi* (Isaïe, XXXVI, 2). Nous l'estimons d'après l'armée d'Holopherne, et d'après le chiffre des morts, qui fut de 180,000 (Isaïe, XXXVII, 36 ; IV Rois, XIX, 35 ; Tobie, I, 21 ; Ecclés., XLVIII, 24 ; I Machab., VII, 41 ; II Machab., VIII, 19.

3° Armée d'Holopherne [1] : *Cent trente-deux mille combattants,* décomposés de la façon suivante :

Cavaliers tirant de l'arc. . .	12,000
Fantassins.	120,000
Total. . . .	132,000

Il est probable que ce corps d'armée n'était qu'une partie des troupes du roi de Ninive, et qu'il y avait encore deux armées pareilles en réserve. Ce qu'il faut remarquer, c'est le soin qu'avait pris Holopherne d'assurer la subsistance de son armée par une fourniture incroyable en provisions de toutes sortes [2]. Cette prudence donne la mesure d'un véritable général, car l'approvisionnement fait beaucoup pour les chances de victoire.

4° Armée de Baltassar [3] : *Quatre cent vingt mille combattants,* commandés par Crésus, et formés en grande partie de mercenaires lydiens, égyptiens, grecs, thraces et asiatiques.

Les armées conquérantes de Phul, Théglath-Phalasar, Salmanasar, Nabuchodonosor Ier et Nabuchodonosor II ou le Grand, vaguement qualifiées d'armées *puissantes* ou *formidables,* devaient approcher, en plus ou en moins, du chiffre ordinaire de *quatre cent mille hommes.*

5° Armée de Cyrus-le-Grand [4], avant la conquête de Babylone : *Cent quatre-vingt-seize mille hommes,* décomposés de la façon suivante :

Cuirassiers à cheval. . . .	10,000
Cuirassiers à pied	20,000
Piquiers	20,000
Archers ou troupes légères.	20,000
Cavaliers mèdes.	26,000
Fantassins.	100,000
Total. . . .	196,000

[1] Judith, II, 7.
[2] Judith, II, 8-10.
[3] Rohrbacher, *Hist. univ. de l'Église cathol.,* t. III, p. 53; Rollin, *Hist. ancienne,* l. IV, ch. I, art. 1, section 9.
[4] Rollin, *ibid.*

6º Armée de Cyrus [1], depuis la conquête de Babylone : *Sept cent vingt-deux mille hommes,* décomposés de la façon suivante :

Cavaliers	120,000
Chars de guerre. . . .	2,000
Fantassins	600,000
Total. . .	722,000

7º Armée de Darius-le-Mage, contre les Scythes [2] : *Sept cent mille fantassins* et *six cents vaisseaux montés par un très-nombreux équipage;* en tout : *huit cent quarante mille trois cents combattants,* décomposés de la façon suivante :

Fantassins ou soldats de terre. .	700,000
Marins des six cents vaisseaux. .	140,300
Total.	840,300

8º Armée de Xerxès [3] : *Cinq millions deux cent quatre-vingt-trois mille deux cent vingt combattants,* décomposés de la façon suivante :

Fantassins.	1,700,000
Cavaliers	80,000
Marins des 1,207 navires. . .	277,600
Renfort de l'armée d'Amilcar. .	300,000
Mercenaires et auxiliaires. . .	3,925,620
Total. . . .	5,283,220

9º Armée de Darius-Codoman à Issus [4] : *Six cent mille combattants,* décomposés de la façon suivante :

Nationaux.	570,000
Grecs mercenaires. . .	30,000
Total. . . .	600,000

[1] Rollin, *Traité des Études,* t. III, p. 233, édit. stéoréotype de Paris, 1833.

[2] Hérodote, liv. VII, n. 117; Rohrbacher, *Hist. univ. de l'Église cathol.,* t. III, p. 383.

[3] Hérodote, l. VIII, n. 117; Rohrbacher, *Hist. univ. de l'Église cathol.,* t. III, p. 106; Plutarque, *Thémistocle.*

[4] Plutarque, *Alexandre;* Rohrbacher, *Hist. univ. de l'Église cathol.,* t. III, p. 362.

10° Armée de Darius à Arbelles [1] : *Un million deux cents combattants*, décomposés de la façon suivante :

Fantassins. 1,000,000
Chars armés de faulx. . 200
Total. 1,000,200

Cet effectif considérable, qu'on voit presque en tout temps caractériser les armées babyloniennes, donne à conclure que chez les Asiatiques riverains du Tigre et de l'Euphrate l'exercice militaire formait, comme partout ailleurs, la base principale de l'éducation des jeunes gens. Au reste, l'histoire est formelle sur ce point. Ninus prescrivit l'exercice militaire aux jeunes gens, comme le rapporte Diodore [2]; et il voulut qu'un *long temps* fût employé aux classes, c'est-à-dire une durée de sept ans. On sait que chez les Perses et chez les Romains l'éducation régulière des enfants commençait à l'âge de sept ans, et qu'elle durait aussi sept ans; c'est-à-dire qu'elle remplissait tout l'intervalle compris entre l'âge de sept ans et l'âge de quatorze ans. Il en était de même chez les Babyloniens, et en général chez presque tous les peuples. Leur éducation était toute militaire et consistait principalement en exercices du corps. Voilà pourquoi les mots *juventus* ou *juvenes* reviennent si souvent dans Virgile [3] et les divers auteurs classiques, comme synonyme des mots *exercitus* ou autres. Voilà pourquoi aussi les maîtres de l'enfance avaient chez les Latins le nom de *magister ludi*, qui autrement semblerait fort étrange.

Virgile, qui fut tout à la fois un grand poète et un homme très-savant dans les antiquités, nous a laissé une description très-complète et très-intéressante des *Jeux troyens*, ou du

[1] Diodore, l. XVII, 60; Rohrbacher, *Hist. univ. de l'Église cathol.*; t. III, p. 364.

[2] Diodore, l. I, ch. 1.

[3] Enéide, I, 477, 497; II, 477; IV, 86; V, 598; VII, 162; IX, 607. La Bible elle-même se sert du mot *pueri*, qu'elle emploie dans un sens tout pareil. Voir à ce sujet : II Rois, II, 12, 13, 14 et 30.

système d'éducation militaire usité chez les Troyens, les Babyloniens, les Égyptiens, les Grecs et les anciens Romains. Il les représente comme des joûtes solennelles, où les jeunes gens disputaient, sous les yeux d'une nombreuse assemblée, les prix assignés pour la *course à pied*, la *lutte athlétique*, le *tir de l'arc*, et les *évolutions équestres*. En effet, nous voyons figurer dans sa description[1] :

1° Pour la course :

1. Nisus
2. Euryale } Troyens
3. Diorès
4. Salius, Acarnanien
5. Patron, Arcadien
6. Hélymus } Siciliens
7. Panope
Foule d'inconnus

} 7 coureurs illustres et une foule d'inconnus.

2° Pour le ceste :

1. Darès, Troyen
2. Entelle, Sicilien

} 2 concurrents.

3° Pour le tir de l'arc :

1. Hippocoon
2. Mnesthée } Troyens
3. Eurytion
4. Aceste, Sicilien

} 4 concurrents.

4° Pour l'équitation :

1. Priam et ses 12 cavaliers
2. Atys   id.
3. Iule   id.

} 3 chefs et 36 cavaliers divisés en pelotons.

[1] Énéide, V, v. 286-602.

A ces divers exercices, dont la coutume devint universelle dans les premiers empires, il faut joindre aussi l'exercice du javelot, la course des chars, et le jeu de la toupie, que le même Virgile décrit ailleurs comme un des plaisirs les plus vifs du jeune âge [1].

La description des mêmes *Jeux* par Homère nous présente encore une plus grande variété d'exercices, comme on en peut juger par le tableau suivant :

1° Course des chars :

1. Eumélus
2. Diomède
3. Ménélas   } 5 coureurs illustres.
4. Antiloque
5. Mérion.

2° Ceste :

1. Epéus
2. Euryale   } 2 combattants illustres.

3° Lutte sans armes :

1. Ajax, fils de Télamon
2. Ulysse   } 2 lutteurs illustres.

4° Course à pied :

1. Ajax, fils d'Oïlée
2. Ulysse (2 fois nommé)   } 3 coureurs illustres.
3. Antiloque (2 fois nommé)

5° Lutte avec armes :

1. Ajax, fils de Télamon (2 fois nommé)   } 2 lutteurs
2. Diomède (2 fois nommé)   illustres.

---

[1] Enéide, VII, v. 378-383.

6° Disque :

1. Polypoètes
2. Léontée
3. Ajax, fils de Télamon (3 fois nommé)
4. Epéus (2 fois nommé)

} 4 concurrents illustres.

7° Tir de l'arc :

1. Teucer
2. Mérion (2 fois nommé)

} 2 tireurs illustres.

8° Javelot.

1. Agamemnon
2. Mérion (3 fois nommé)

} 2 concurrents illustres.

Tous ces détails que Virgile et Homère [1] nous ont conservés sur les *Jeux militaires,* ou sur l'éducation primitive des peuples d'Orient, sont précieux pour nous montrer quelle était chez les Babyloniens l'occupation régulière des jeunes gens. Les mœurs des Troyens, en effet, ne différaient en rien de celles des Babyloniens, ni des Égyptiens, ni des Hébreux. C'étaient des populations assez nouvellement sorties de la même souche ; et il est remarquable de voir combien toutes ces fractions principales du monde asiatique se sont longtemps copiées ou fidèlement imitées les unes les autres. Mais c'est par l'adoption d'un système commun pour l'éducation militaire des jeunes gens, que ces anciens ont surtout réussi à conserver entre eux la plus grande ressemblance. La même tradition se remarque aussi chez les Perses.

Cyaxare, un des rois perses, fut, dit-on, le *premier*

---

[1] Iliade, XXIII, v. 258-897. La Bible aussi, II Rois, II, 12-30, fait mention de plusieurs joûtes de même nature, usitées chez les Hébreux au commencement du règne de David, et dont la tradition semble remonter jusqu'à Moïse. Voir ce que nous en avons dit plus haut, dans notre premier chapitre.

organisateur des armées. Avant lui, les armées étaient des masses confuses, qui opéraient à volonté. Chacun des soldats se plaçait, se battait sans rien suivre que sa fantaisie, comme à la guerre de Troie brillamment décrite par Homère. Cyaxare institua le commandement et fit régner la discipline. Il donna une place fixe dans le corps d'armée aux *Piquiers*, aux *Archers* et aux *Cavaliers*. On prit dès lors l'habitude des rangs et des alignements ; et l'ordre en ligne fut prescrit pour la bataille. [1] Cette tactique eut pour effet de rendre les armées plus fortes avec un moindre nombre d'hommes. C'est ce qui fut rendu sensible à la bataille de Thymbrée, dont nous avons une description technique.

« Dans l'armée de Cyrus, dit Rollin, les compagnies d'infanterie étaient de cent hommes sans compter le capitaine. La compagnie avait quatre escouades, qui étaient de vingt-quatre hommes chacune, non compris celui qui la commandait. L'escouade se partageait en deux files, chacune de douze hommes. Dix compagnies avaient un chef pour les commander, qui répond assez à ce que nous appelons colonel : et dix de ces corps avaient un commandant, qu'on pourrait appeler brigadier (général de brigade). J'ai déjà remarqué que Cyrus, lorsqu'il vint à la tête de trente mille Perses au secours de son oncle Cyaxare, fit dès lors un changement considérable dans ses troupes. Les deux tiers ne se servaient que de javelots ou d'arcs, et par conséquent ne pouvaient combattre que de loin. Au lieu de cela, Cyrus les arma pour la plupart de cuirasses, de boucliers, d'épées ou de haches, et laissa peu de soldats armés à la légère.

« Les Perses ne savaient alors ce que c'était de combattre à cheval. Cyrus, convaincu que rien n'est plus décisif pour le gain d'une bataille que la cavalerie, sentit bien cet inconvénient ; et de loin il prit de sages précautions pour y remédier. Il en vint à bout, et peu à peu il forma un corps

[1] Hérodote, l. I, s. 102-106.

de cavalerie persane qui monta jusqu'à dix mille hommes, qui étaient les meilleures troupes de l'armée. Je parlerai ailleurs du changement qu'il introduisit dans les chariots de guerre. Il est temps de venir au dénombrement des troupes de l'une et de l'autre armée, que l'on ne peut fixer que par conjecture et en réunissant plusieurs endroits de Xénophon, cet auteur ayant omis d'en marquer ici précisément le nombre : ce qui me paraît étonnant pour un homme habile dans la guerre comme l'était cet historien.

» L'armée de Cyrus montait en tout à 196,000 hommes, infanterie et cavalerie. Dans ce nombre il y avait 70,000 Perses naturels, savoir : 10,000 cuirassiers à cheval, 20,000 cuirassiers à pied, 20,000 piquiers et 20,000 hommes armés à la légère. Le reste de l'armée, au nombre de 126,000 hommes, comprenait 26,000 chevaux mèdes, arméniens et arabes de la Babylonie, et 100,000 fantassins des mêmes nations. Outre ces troupes, Cyrus avait 300 chariots de guerre armés de faux, dont chacun était tiré par quatre chevaux attelés de front et bardés à l'épreuve du trait, de même que ceux des cuirassiers persans. Cyrus avait encore fait construire un grand nombre de chariots beaucoup plus grands, sur lesquels il y avait des tours hautes environ de dix-huit ou vingt pieds, qui contenaient vingt archers. Ces chars étaient traînés sur des roulettes par seize bœufs attelés de front. Il y avait aussi un grand nombre de chameaux, montés chacun de deux archers arabes adossés, en sorte que l'un regardait la tête et l'autre la croupe du chameau.

» L'armée de Crésus était plus forte du double que celle des Perses, et montait à 420,000 hommes, dont il y en avait 60,000 de cavalerie. Les principales troupes étaient des Babyloniens, des Lydiens, des Phrygiens, des Cappadociens, des peuples de l'Hellespont et des Égyptiens, au nombre de 360,000. Les derniers, c'est-à-dire les Égyptiens, faisaient à eux seuls un corps de 120,000 hommes. Ils avaient des boucliers qui les couvraient jusqu'aux pieds, des piques fort longues, et des épées courtes, mais larges. Le reste était des Phéniciens, des Cypriotes, des Ciliciens, des Lycaoniens, des Paphlagoniens, des Thraces et des Ioniens.

» L'armée de Crésus se mit en bataille sur une seule ligne, l'infanterie au centre et la cavalerie sur les ailes. Toutes les troupes, tant de pied que de cheval, avaient trente hommes de profondeur ; mais les Égyptiens, dont nous avons vu que le nombre montait à 120,000 et qui formaient la principale force de l'infanterie de Crésus, dont ils occupaient le centre, étaient partagés en douze gros corps ou bataillons carrés de 10,000 hommes chacun, qui avaient 100 hommes de front et autant de profondeur, avec quelques intervalles entre les bataillons, afin d'agir et de combattre indépendamment les uns des autres. Crésus aurait voulu les engager à se ranger sur une moindre hauteur, pour faire un plus grand front. Les armées étaient dans une plaine immense, qui permettait d'étendre ses ailes à droite et à gauche ; et son dessein, sur lequel il fondait l'espérance de la victoire, était d'envelopper l'armée des Perses. Mais il ne put obtenir des Égyptiens qu'ils changeassent l'ordre de bataille auquel ils étaient accoutumés. L'armée, ainsi rangée sur une ligne, occupait de terrain presque 40 stades, c'est-à-dire près de deux lieues. Araspe, qui sous prétexte d'un mécontentement s'était retiré dans l'armée de Crésus et qui avait eu ordre surtout de bien examiner la manière dont ce général rangerait ses troupes, était revenu dans le camp des Perses la veille du combat. Cyrus, pour former son ordre de bataille, se régla sur la disposition de l'armée de Crésus, dont ce jeune seigneur mède lui avait rendu un compte exact. Les troupes persanes combattaient ordinairement sur 24 de hauteur ; Cyrus changea cette disposition. Il lui importait de former le plus grand front qu'il lui serait possible sans trop affaiblir ses phalanges, pour ne pas être enveloppé. Son infanterie était excellente, armée avantageusement de cuirasses, de haches et d'épées ; et pourvu qu'elle pût joindre l'ennemi corps à corps, il n'y avait pas lieu de croire que les phalanges lydiennes, armées seulement de boucliers légers et de javelots, en pussent soutenir l'attaque. Cyrus dédoubla donc les files de son infanterie, et les mit sur 12 de hauteur seulement : elle était composée de 93,000 hommes. La cavalerie était rangée sur deux ailes, la droite commandée par Chrysante, et la gauche par Hystaspe. Le front entier de l'armée n'occupait en tout qu'un terrain de 32 stades, c'est-à-dire un peu plus d'une licue et demie ; et par conséquent il était débordé de plus de 3 stades de chaque côté par l'armée ennemie.

» Derrière cette première ligne et à une très-petite distance, Cyrus plaça les lanceurs de javelots ; après eux, les archers. Ils étaient couverts les uns et les autres par les soldats qui étaient avant eux, au-dessus de la tête desquels ils pouvaient lancer contre l'ennemi leurs javelots et leurs flèches. Il forma une dernière ligne, pour composer l'arrière-garde, de ce qu'il y avait de plus braves soldats dans l'armée. Leur fonction était d'avoir l'œil sur ceux qui faisaient leur devoir, d'arrêter par des menaces ceux qui s'ébranlaient, et d'aller même jusqu'à tuer les fuyards, comme des traîtres, enfin d'imposer de leur part aux lâches une crainte plus grande que celle qui pouvait leur venir du côté des ennemis.

» Derrière l'armée persane étaient ces tours roulantes dont j'ai parlé plus haut. Elles formaient une ligne égale et parallèle à celle de l'armée, et ne servaient pas seulement à incommoder l'ennemi par les décharges continuelles des archers dont elles étaient garnies, mais pouvaient encore être regardées comme des espèces de forts ou de redoutes mobiles, sous lesquelles les troupes persanes pouvaient se rallier, en cas qu'elles fussent rompues et poussées par l'ennemi. Tout proche de ces tours, il y avait deux autres lignes, parallèles aussi et égales au front de l'armée, formées l'une par les bagages, et l'autre par les chariots qui portaient les femmes et les personnes inutiles.

» Pour former toutes ces lignes et les mettre hors d'état d'être insultées par l'ennemi, Cyrus avait placé à la queue 2,000 hommes d'infanterie, 2,000 chevaux, et la troupe de chameaux, qui était assez nombreuse. Le dessein de Cyrus, en formant deux lignes de ses bagages, était non-seulement de faire paraître son armée plus nombreuse qu'elle n'était en effet, mais d'obliger les ennemis, en cas qu'ils voulussent l'envelopper, comme il savait que c'était leur projet, de faire un plus long circuit et par conséquent de s'affaiblir en s'allongeant. Restent les chariots persans armés en guerre. Ils étaient partagés en trois corps de 100 chacun. L'un de ces corps, commandé par Abradate, roi de la Susiane, fut placé au front de la bataille, et les autres sur les deux flancs de l'armée. Tel fut l'ordre de bataille des deux armées; elles furent ainsi rangées le jour qui précéda le combat [1]. »

L'événement assura la victoire à Cyrus, et lui valut l'empire de Babylone. La tactique l'emporta sur le nombre; et les conditions de la guerre furent modifiées par les grands capitaines, après la leçon donnée au monde par ce triomphe inespéré des Perses.

Platon admirait l'*éducation guerrière* des anciens Perses, et en particulier l'*éducation des princes* [2]; et il la proposait aux Grecs comme le modèle d'une éducation parfaite. « Dès l'âge de sept ans, dit-il, on les tirait des mains des eunuques pour les faire *monter à cheval* et les *exercer à la chasse.* A quatorze ans, lorsque l'esprit commence à se former, on leur donnait *pour leur instruction* quatre hommes des plus *vertueux* et des plus *sages* (ou doctes) de la nation. » Il y

---

[1] *Histoire ancienne,* livre IV, ch. I, art. 9.

[2] *Alcibiade,* I; Bossuet, *Discours sur l'histoire universelle,* 3e partie, ch. V.

avait donc pour eux *sept ans* d'exercice corporel ou d'éducation militaire. L'éducation de la multitude, sans être aussi soignée, reposait sur le même fondement. De là cette pépinière innombrable de soldats que formait le peuple perse chaque fois qu'il y avait à faire une grande expédition. Nous pouvons en dire autant du régime suivi en général, depuis Ninus, chez les Babyloniens et chez tous les anciens.

Xénophon renchérit encore sur Platon dans la peinture qu'il a tracée lui-même de la belle et sage éducation des anciens Perses. « Il y avait, dit-il, une place nommée *Place de la Liberté*, où étaient bâtis le *Palais du Roi* et les *Hôtels des Magistrats*. Les marchands en étaient bannis. Cette place était divisée en quatre parties : une pour les *Enfants*, une pour les *Adolescents*, une pour les *Hommes forts* ou les *Adultes*, et une pour les *Anciens* ou les *Vieillards* ayant passé l'âge de porter les armes. Chacune de ces quatre classes était gouvernée par douze chefs, suivant le nombre des douze tribus. Les enfants avaient pour chefs des vieillards ou sénateurs choisis entre ceux qu'on croyait les plus propres à les bien élever ; les adolescents, ceux d'entre les hommes adultes qui paraissaient les plus capables de les former à la vertu ; les hommes faits ou adultes, ceux de leur classe qu'on jugeait avoir le plus de talent pour exciter les autres à bien exécuter les ordres de l'autorité souveraine. Les anciens eux-mêmes avaient des surveillants pris parmi leurs égaux, pour mieux assurer l'accomplissement des devoirs de leur âge.

« Depuis l'âge de 5 ans jusqu'à 17, les enfants se rendaient à leur poste, dès la pointe du jour. Ils allaient aux écoles chaque jour pour *apprendre la justice,* comme on y allait chez les Grecs pour *apprendre les lettres.* Ils apportaient leur manger, qu'ils prenaient au signal de leurs maîtres : c'était du pain, du cresson, avec une coupe pour puiser de l'eau à la rivière lorsqu'ils avaient soif. Ils apprenaient à *tirer de l'arc,* à *lancer le javelot.* On leur enseignait surtout la justice, la modestie, l'obéissance, la tempérance, ainsi qu'à dire la vérité. Ce qu'on punissait le plus sévèrement, c'était le mensonge et l'ingratitude.

« De 17 ans à 27, on était dans la classe des adolescents. Ils continuaient les exercices de la classe précédente, mais ils passaient la nuit même à laporte des magistrats et du roi, employés soit à faire la garde, soit à exécuter certaines commissions qui demandent de la vigueur et de la célérité: comme la recherche et la poursuite des brigands. Souvent le roi en emmenait une partie à la *chasse*, comme à un *apprentissage de la guerre*, afin de les habituer à la fatigue et aux périls. Sauf le gibier qu'ils tuaient en ces rencontres, ils n'avaient pas d'autre nourriture que les enfants : seulement la quantité en était plus grande.

« A 27 ans, on passait dans la classe des hommes faits, où l'on restait 25 années entières. Les hommes faits, de même que les adolescents, étaient aux ordres des magistrats ou des chefs. A la guerre, ils formaient la partie principale de l'armée. C'est de cet ordre que l'on tirait tous les chefs de service, excepté ceux qui présidaient à l'éducation des enfants.

« A 50 ans passés, on appartenait à la classe des anciens. Ceux-ci avaient le privilége de ne point porter les armes hors de leur patrie. Ils demeuraient à l'intérieur, occupés à régler les affaires publiques et les causes des particuliers. Ils jugeaient même les causes capitales, et ils choisissaient tous les magistrats, c'est-à-dire tous les officiers [1]. »

A la naissance de Cyrus, on comptait dans la Perse environ 120,000 hommes. Tous naissaient avec un droit égal aux charges et aux honneurs ; tous pouvaient envoyer leurs enfants aux écoles publiques, où l'on enseignait la justice. Ceux qui étaient en état de nourrir les leurs sans les faire travailler, les y envoyaient ; les autres les gardaient chez eux. Il fallait avoir été élevé dans ces écoles pour

[1] *Cyropédie*, l. I, ch. II, 3-16.

pouvoir être admis dans la classe des adolescents. Quiconque n'avait pas reçu la première éducation en était exclu. Les adolescents qui avaient fourni leur carrière complète et en avaient rempli exactement les obligations, pouvaient prendre place parmi les hommes faits et partager avec eux l'avantage d'être promus aux dignités. Mais ceux qui n'avaient point passé par les deux premières classes, ne pouvaient entrer dans la troisième, qui conduisait, quand on y avait vécu sans reproche, à celle des anciens. Celle-ci se trouvait ainsi composée de personnages qui avaient parcouru successivement tous les degrés de la vertu. Telle était alors la constitution publique et morale des Perses. Xénophon nous la montre en pleine vigueur sous Cambyse, père de Cyrus lui-même [1].

En voyant l'esprit guerrier qui animait les Perses, on trouve tout naturel leur goût prononcé pour l'agriculture et les travaux rustiques. Cyrus-le-Jeune plantait des arbres de sa main, et prenait plaisir à les arranger en quinconces ; il créa de magnifiques jardins, et s'entendait à toute sorte d'ouvrages ; il savait faire jusqu'aux étoffes dont ses vêtements étaient composés [2]. Mais ceci même pouvait paraître un luxe ; et il y avait chez les Perses un véritable esprit rustique, pur de ces délicatesses recherchées, et digne de l'approbation complète des gens sages. Un des premiers soins du prince était celui de faire fleurir l'agriculture ; et les satrapes dont le gouvernement était le mieux cultivé avaient la plus grande part aux faveurs du monarque. Comme il y avait des charges établies pour la conduite des armes, il y en avait aussi pour veiller aux travaux rustiques : c'étaient deux charges semblables, dont l'une prenait soin de garder le pays, et l'autre de le cultiver. « Le prince, dit Bossuet, les protégeait avec

[1] *Cyropédie*, l. I, ch. 11, 16 ; Rohrbacher, *Hist. univ. de l'Église cathol.*, t. III, p. 345.

[2] Xénophon, *OEconomiques*, ch. IV.

une affection presque égale, et les faisait concourir au bien
public [1]. »

Il nous reste à parler des arts et des sciences qui brillèrent
par intervalles chez les Babyloniens, surtout aux époques de
leur plus grande illustration militaire et de leur attachement
le plus ferme aux travaux salutaires de l'agriculture.

La connaissance des langues paraît avoir existé de bonne
heure chez les Babyloniens, de même qu'elle avait aussi
des amateurs chez les Hébreux et chez les Égyptiens. Nous
voyons, en effet, Rabsacès, l'un des généraux de Sennachérib,
converser *en hébreu* [2], tandis que de leur côté les ministres
d'Ézéchias parlaient l'*araméen* [3], c'est-à-dire le syriaque.
Après que Cyrus eut transporté à Babylone le siége de son
empire, la connaissance des langues dut faire de nouveaux
progrès dans cette illustre capitale du *Grand Roi*, dont
l'autorité s'étendait sur cent vingt-sept provinces. Les
courriers publics transmettaient les dépêches d'un bout à
l'autre de ce pays immense, et ces dépêches étaient écrites
dans les différentes langues. Assuérus ou Artaxerxès expédia
plusieurs fois des ordres ainsi écrits dans *toutes les
langues* [4].

Les Babyloniens avaient aussi une littérature importante,
dont l'écriture cunéiforme, déchiffrée de nos jours, a conservé quelques débris. La *Bibliothèque* de Babylone remontait
à une origine très-ancienne [5]. Les *Archives* d'Ecbatane
existaient sous Darius [6], qui fut lui-même un savant prince,
et qui, sous certains rapports, est comparable au fameux
Salomon. Sous Artaxerxès, on voit une mention expresse des

[1] *Discours sur l'histoire universelle*, 3e partie, ch. V.
[2] IV Rois, XVIII, 28 ; II Paralipomènes, XXXII, 18.
[3] IV Rois, XVIII, 26.
[4] Esther, I, 22 ; III, 12-13 ; VIII, 9-10.
[5] I Esdras, VI, I.
[6] I Esdras, VI, 2.

Annales du Royaume [1]. De quelle nature étaient ces divers
monuments littéraires ? La science actuelle manque de
données suffisantes pour le bien préciser. On sait que les
Chinois commencèrent par écrire leurs anciennes histoires
sur des *tablettes de bois* [2]; ce qui permit dans la suite au
fameux Chi-Hoang-Ti de les brûler pour les anéantir. Les
Égyptiens se servirent de *la pierre*, comme on le voit par
les *Hiéroglyphes* empreints sur une grande quantité de leurs
monuments. Les Grecs se servirent du *marbre*, comme la
preuve en subsiste dans les fameux *Marbres de Paros*,
appelés aussi *Marbres d'Oxford* ou *Marbres d'Arundell*, qui
sont aujourd'hui une possession de l'Angleterre [3]. Les Babyloniens commencèrent aussi à graver sur la pierre, comme
on le voit démontré par les *Colonnes de Seth* [4], renfermant
le sommaire analytique des connaissances humaines, à peu
près comme les *Tables de Moïse* renfermaient sommairement
toute la Loi religieuse. Plus tard, les Babyloniens gravèrent
sur la brique en caractères cunéiformes. Mais il est probable
que leurs *Annales* ou *Archives* étaient marquées sur des
tablettes portatives, soit en bois comme celles de la Chine,
soit en membrane végétale ou animale comme le papier ou
le parchemin.

Comme architecture, on peut citer, à la louange des
Babyloniens, leurs villes célèbres de Babylone, de Ninive,
d'Ecbatane, de Suse, de Persépolis, de Palmyre, de Balbeck,
de Damas, etc. [5] Babylone était une ville immense, située

Esther, VI, I.

[2] Abel Rémusat, *Nouveaux Mélanges asiatiques*, t. III, art. *Meng-Tseu* ;
Rohrbacher, *Hist. univ. de l'Église cathol.*, t. III, p. 165.

[3] Godeau, *Histoire de tous les peuples*, t. I, p. 435-437.

[4] Josèphe, *Antiquités judaïques*, l. I, ch. IV ; Rohrbacher, *Histoire universelle de l'Église catholique*, t. I, p. 345.

[5] Godeau, *Histoire de tous les peuples*, t. I, p. 46-62 ; Volney, *Ruines*,
t. I, ch. II ; *Voyage en Syrie*, t. II, et *Recherches nouvelles sur l'Histoire
ancienne*.

dans une plaine fertile, et partagée par l'Euphrate en deux parties égales. Deux millions d'hommes furent employés à bâtir tous ses monuments, qui furent de vraies merveilles. Ses murs étaient entourés d'un vaste fossé rempli d'eau et revêtu de briques sur les deux talus. Ils avaient 300 pieds de hauteur sur 75 d'épaisseur, et leur circuit avait une longueur approximative de 24 lieues. On les avait construits en larges briques, cimentées avec un bitume que fournit le sol et qui est de beaucoup préférable au mortier. Cette muraille gigantesque avait la forme d'un carré parfait, comme le plan de la ville elle-même. Sur chacune des faces, on comptait 25 portes, toutes formées d'airain massif ; ce qui portait à 100 leur nombre total, comme en Égypte pour la ville de Thèbes. De chacune de ces portes à la porte opposée courait une rue, en sorte que la ville en avait 25 du midi au nord et autant d'autres de l'orient à l'occident ; ce qui la partageait en 625 carrés, dont chacun pouvait avoir de côté 730 mètres ou un peu davantage. Manheim dans le Palatinat et Philadelphie en Amérique sont des villes construites sur un plan pareil, mais beaucoup plus en raccourci. Les maisons de Babylone avaient trois ou quatre étages, avec des façades ornées d'embellissements divers. L'intérieur des carrés ou quartiers était employé en cours et jardins, ou même en labourage. Des quais magnifiques, avec des portes d'airain par lesquelles on descendait au fleuve, bordaient les deux rives de l'Euphrate, dans le genre des quais somptueux de Saint-Pétersbourg. Au centre de la ville, un large pont traversait le fleuve ; il avait trois mille pieds de long ou un kilomètre suivant Diodore, et seulement 600 pieds ou 200 mètres d'après Strabon. Ce pont fameux avait ses arches bâties en grosses pierres carrées, qu'on avait liées avec des chaînes de fer et du plomb fondu. On avait été obligé de mettre le fleuve à sec, pour pouvoir le construire ; et cet ouvrage lui-même pouvait sembler une entreprise hardie, et non pas un travail de peu d'importance.

Aux deux extrémités du pont furent placés deux palais communiquant l'un à l'autre par une voûte pratiquée sous le fleuve, comme le tunnel creusé sous la Tamise par le célèbre ingénieur Brunel. C'est dans le palais situé sur le côté occidental du fleuve, et appelé le *Nouveau Palais,* que s'élevaient les fameux jardins suspendus. Ils formaient un carré, long d'environ 400 de nos pieds sur chaque face, et se composaient de terrasses élevées en amphithéâtre, comme il s'en trouve aux bords du Rhin, sur les flancs des coteaux baignés par ce beau fleuve. De grandes voûtes, bâties l'une sur l'autre, formaient l'appui de ces terrasses. On avait placé au sommet desdites voûtes de grandes pierres plates de 16 pieds de long sur 4 de large, et portant une couche de roseaux enduits de bitume, avec deux rangs de briques superposées ; le tout recouvert de plaques de plomb, sur lesquelles s'étendait une profonde couche de terre végétale, où croissaient les plus grands arbres. On avait trouvé des moyens d'irrigation pour tous ces jardins, en faisant monter l'eau jusque sur la plus haute terrasse par des procédés qui nous sont inconnus. A côté de ces constructions étonnantes, la superbe Babylone en comptait beaucoup d'autres. Le grand lac de Nitocris, comparable au lac Mœris pour l'étendue et la destination ; le temple de Bel ou Bélus, énorme tour formée de huit tours décroissantes et posées l'une sur l'autre, ayant à son sommet une plate-forme qui servait d'observation aux Chaldéens ; les statues d'or colossales, et le grand autel d'or ; les deux palais des rois, s'élevant aux deux extrémités du pont ; le pont lui-même ; la galerie voûtée, pratiquée sous le fleuve ; les énormes murailles, si fortement construites au-dedans et au-dehors ; les jardins suspendus et la magnificence incomparable qui éclatait partout dans cette grande ville, en faisaient la merveille du monde, au moins de son temps, et peut-être du nôtre. Que sont, en effet, auprès de Babylone, nos grandes capitales d'Europe, Paris, Londres, Saint-Pétersbourg ? Il est vrai que, pour la richesse, les résidences impériales de l'Inde, Lahore, Agra, Delhy, pourraient rivaliser peut-être avec elle [1] ; et que, pour la population, Pékin en Chine, il y a un siècle ou deux, l'emportait, dit-on, de beaucoup [2]. L'achèvement de Babylone est attribué au fameux conquérant Nabuchodonosor.

Ninive, que Moïse appelle déjà la *grande ville* [3], et qui du temps de Jonas continuait de s'appeler *Ninive la Grande* [4], avait pareillement 24 lieues de circuit. Elle était placée sur le Tigre, qui la traversait par le milieu dans toute sa longueur. Ses murs étaient hauts de 100 pieds, ou trois fois moins que ceux de Babylone. Ils avaient une largeur suffisante pour que trois chars y pussent courir de front ; et ils étaient fortifiés par 1,500 tours hautes de 200 pieds, ou deux fois élevées comme le corps du rempart [5]. On a exhumé de nos jours, sur l'emplacement de Ninive, d'immenses débris de palais, avec des statues, des peintures et des inscriptions. Ces statues et ces tableaux sont d'une perfection qui a pu servir de modèle aux Grecs. Ces peintures représentent les triomphes militaires et les festins des rois. Dans les peintures militaires, on voit le vainqueur entouré de soldats à pied, avec des machines qu'on croyait inventées par les Grecs ou par les Romains ; mais on n'aperçoit ni char ni cavalier dans sa troupe, tandis qu'on en voit parmi les ennemis. Ce qui concorde exactement avec la Bible, où il est dit que « les peuples d'Assur ne connaissent point l'usage des chariots ni celui des chevaux. » Les peintures et sculptures de festins

[1] Rohrbacher, *Hist. univ. de l'Église cathol.*, t. III, p. 53.

[2] D'après une lettre de Mgr Verrolles, Pékin n'a aujourd'hui que 500,000 âmes de population ; la ville n'a que 6 lieues de tour ; elle a, du reste, plusieurs beaux monuments, qui sont décrits par le Prélat missionnaire. Voir les *Annales de la Propagation de la Foi*, numéro de juillet 1867.

[3] Genèse, X, 12.

[4] Jonas, I, 2.

[5] Diodore, l. II ; Strabon, l. XVI ; Rohrbacher, *Hist. univ. de l'Église cathol.*, t. II, p. 326.

rappellent l'interminable repas de 180 jours que le roi Assuérus donna aux grands de son empire dans le palais de Suse. On y voit des guerriers en habits de fête, les cheveux et la barbe soigneusement bouclés et parfumés, assis devant des tables chargées de mets, les uns en face des autres, élevant leurs verres et portant des santés en l'honneur du vainqueur. Les tables recouvertes de nappes, les chaises, les verres sont du plus beau travail, et l'emportent en plusieurs points sur l'industrie moderne. Les inscriptions qui accompagnent ces sculptures et ces peintures sont en forme de clous ou de coins, et appelées pour cela cunéiformes [1]. Trois savants orientalistes, MM. Rawlinson, Hincks et Oppert, sont parvenus à déchiffrer cette écriture particulière, comme Champollion, Letronne et Charles Lenormant avaient précédemment déchiffré l'écriture des hiéroglyphes [2]. Ce déchiffrement, dû au génie de nos contemporains, peut bien passer aussi pour une merveille, qui formera un jour l'une des plus légitimes de nos gloires, dans l'ordre des progrès accomplis par la science. Londres et Paris possèdent actuellement des musées assyriens ; c'est là qu'on peut voir ce que fut jadis l'industrie étonnante des Babyloniens, et admirer de nouveau la concordance naturelle du génie militaire avec le génie des arts et le génie des sciences [3].

La ville d'Ecbatane chez les Perses fut aussi une place de guerre formidable. Elle avait sept enceintes de murailles, échelonnées successivement sur la déclivité d'une montagne

[1] *Annales de philosophie chrétienne*, 3e série, t. XII, p. 127-147 ; t. XIV, p. 240-242 ; t. XVI, p. 145-149.

[2] Consulter, relativement à l'*écriture cunéiforme* des Assyriens et aux *hiéroglyphes* des Égyptiens, l'excellent *Manuel d'histoire ancienne de l'Orient*, par François Lenormant, sous-bibliothécaire de l'Institut, t. I, p. 446-359 et p. 497-516 ; Paris, 1868,

[3] Le *Magasin pittoresque*, année 1848, p. 131, et année 1849, p. 193, a donné des spécimens curieux et intéressants des collections formant le Musée assyrien du Louvre.

élevée. Chacune de ces enceintes était marquée d'une couleur différente, et leur agréable variété formait toutes les couleurs du prisme[1]. C'était la beauté jointe à la force dans le métier des armes[2]; et cette magnifique alliance, qui fut remarquable dès les premiers temps dans les armées de presque tous les peuples, dure encore de nos jours, principalement dans notre belle et brave armée française.

Darius continua les traditions généreuses et pleines de magnificence des conquérants Babyloniens, ses illustres prédécesseurs. Il fut un zélé protecteur des savants, et l'histoire n'a pas oublié son aventure avec cet Héraclite *le Ténébreux*, ours mal léché, s'il en fut jamais[3]. L'achèvement du *Canal de Suez*[4], commencé par l'égyptien Néchao, et peut-être même par Rhamsès ou Sésostris-le-Grand, fut l'œuvre du sage Darius, qui tenait d'ailleurs un des premiers rangs parmi les littérateurs de son siècle. L'armée du conquérant Xerxès exécuta aussi des travaux gigantesques[5]. Le pont sur la mer construit au passage d'Abydos, le percement audacieux du mont Athos sont des travaux que l'on peut citer après les œuvres grandioses conçues auparavant par l'esprit inventif des Babyloniens. Ces hardis projets ont conservé tout leur mérite, malgré même les audaces de la science de nos jours, et en particulier malgré la puissance déployée dans le percement des Alpes ou dans les travaux si énergiques du canal de Suez. Mais de quoi n'est pas capable

---

[1] Rollin, *Histoire ancienne*, l. III, ch. III.

[2] IX Rois, VIII, 7 ; Ézéchiel, XXVI, 16 ; Juvénal, *Satires*, VI, v. 409. Les armes d'or ou d'argent, les insignes des chefs, l'uniforme des troupes, la propreté générale de la tenue, la musique, l'ordonnance des batailles et des manœuvres, etc., tout cela prouve un bon goût particulier, qui semble surtout naturel chez les militaires. Quoi de plus beau qu'une revue d'un corps d'armée un peu considérable ?

[3] Rohrbacher, *Hist. univ. de l'Égl. cath.*, t. III, p. 227.

[4] Rohrbacher, *Hist. univ. de l'Égl. cathol.*, t. II, p. 440.

[5] Hérodote, l. VII, p. 32 et suiv.

une nation guerrière? On dirait que Dieu la suscite, qu'il la dirige par son esprit ; qu'il lui verse à pleines mains tous les trésors d'intelligence et d'activité qu'il possède en lui-même, et qu'il tire avec amour pour elle de son sein fécond et inépuisable. Peut-être est-ce encore en ce sens que Jésus-Christ disait : *Non veni pacem mittere, sed gladium* [1]. La guerre a donc sa mission ; la guerre est l'envoyé de Dieu. Fléau terrible en elle-même, ainsi qu'un orage destructeur, elle assainit, après avoir grondé. Par le fait, on a constamment vu la guerre châtier les peuples pour les amender. Son rôle commence par apporter la punition ; mais c'est pour mieux faire place à la miséricorde, et pour tourner finalement au bonheur et au salut des peuples.

La musique existait, comme les autres arts, chez les Babyloniens. Du temps de Nabuchodonosor, un de leurs plus grands princes, ils avaient *des trompettes, des flûtes, des harpes, des hautbois, des psaltérions, des symphonies et toute sorte d'instruments* [2]. C'étaient les Chaldéens ou les prêtres qui s'exerçaient à cette musique instrumentale, comme faisaient aussi les prêtres Juifs et pareillement les Égyptiens. La musique était principalement destinée à l'ornement des fêtes. Mais il est probable qu'elle faisait partie de l'éducation primitive des Babyloniens avec l'exercice militaire, comme il se pratiquait chez les Hébreux, chez les Égyptiens, et chez les Grecs les plus anciens [3]. Car les mœurs des nations avaient dans l'origine une conformité frappante, et une ressemblance qui fut très-lente à s'effacer. Ainsi, la coutume d'élever les jeunes seigneurs *à la Porte du Roi* [4] et de les former *en commun avec ses propres enfants* ne se voit pas seulement chez les Perses ; elle se

[1] Math., X, 34.

[2] Daniel, III, 5 ; Rohrbacher, *Hist. univ. de l'Égl. cath.*, t. III, p. 12.

[3] Platon, *République*, 2 et 3 ; Fleury, *Mœurs des Israélites*, 2e partie, ch. XI.

[4] Xénophon, *Cyropédie*, l. I, ch. 2.

voit encore chez les Égyptiens, chez les Grecs et pareillement chez les Hébreux [1]. L'éducation de Sésostris, de Roboam, fils de Salomon, de Cyrus, d'Alexandre, de Ptolémée Philopator, d'Antiochus Epiphane et d'Antiochus Eupator, fut basée, chez quatre peuples différents, sur une méthode presque pareille : tous ces princes furent *élevés en commun* avec des enfants de leur âge, fils des grands officiers. Ainsi encore, l'exercice militaire figure invariablement dans la première éducation chez les Hébreux, chez les Égyptiens, chez les Babyloniens, chez les anciens Grecs, et aussi chez les anciens Romains. Chez tous ces peuples, comme chez les Perses, l'*éducation militaire* commençait à 7 ans [2] : telle était, pendant sept années consécutives, l'occupation dominante imposée pour la culture du premier âge. A 14 ans, on complétait l'éducation militaire des jeunes Perses par une *éducation morale*. Celle-ci consistait à leur apprendre la *magie* (ou la religion et une certaine philosophie), *la probité, l'austérité, la hardiesse*. Ces leçons ajoutaient le courage de l'âme à la trempe forte donnée au corps par le moyen des premiers exercices.

L'éducation morale donnait aux Perses une grande humanité et une générosité qu'on ne voit point avant ce peuple brave et lettré. La rigueur et la barbarie dominaient chez les Assyriens ; ils transportaient les peuples vaincus, ou les exterminaient. Sous les Perses, les ennemis vaincus n'eurent jamais à souffrir ; et ces nouveaux conquérants firent voir au monde le premier exemple d'une domination paternelle. C'est ce qu'on voit par la conduite généreuse de Cyrus envers Crésus et envers les Juifs, par celle de Xerxès

---

[1] Diodore, l. I, ch. 54 ; III Rois, XIII, 8 et XX, 14 ; I Machabées, I, 7 ; Rohrbacher, *Hist. univ. de l'Égl. cathol.*, t. III, p. 369, 382, 388, 425, 434.

[2] Rohrbacher, *Hist. univ. de l'Égl. cath.*, t. III, p. 425. Antiochus Epiphane avait eu Philippe et Lysias pour *compagnons d'enfance*. Son fils Antiochus Eupator commença son éducation à 7 *ans*, sous Lysias, *lieutenant du royaume*, remplacé deux ans plus tard par le *régent* Philippe.

envers Thémistocle, et par celle de Darius envers les savants
de la Grèce [1]. L'histoire d'Assuérus ou Artaxerxés confirme
encore par de nouveaux traits cette importante observation.
Les plus justes des hommes sont toujours les plus doux.

L'usage des Perses était de s'endurcir dès l'enfance, en
vivant d'un régime austère. La nourriture des enfants était
le pain et l'eau, avec un peu de cresson qu'il était permis
d'ajouter. La viande était un extra, un luxe rare, réservé
pour la chasse et sans doute aussi pour la guerre. Les
hommes faits se nourrissaient *de pain et de vin* [2]. Ce régime
les remplissait de force et de courage; il prolongeait leur
vie jusqu'à 80 ans. Il y avait chez les Égyptiens ou Ethiopiens un régime encore meilleur, dont parle Hérodote, et
que nous avons déjà précédemment signalé en son lieu.
Avec ce régime de l'Ethiopie ou plutôt de la Haute-Égypte,
on vivait non pas 80 ans, mais 120 ans, c'est-à-dire moitié
plus [3]. La base de ce régime excellent, et si favorable
à la longévité, c'était *la viande et le lait*. Il est à remarquer
que les Gaulois eux-mêmes faisaient jadis un grand usage
du lait, dont il paraissent avoir tiré leur nom ; ce qui
peut servir à démontrer par une expérience de plus les
bons effets du lait comme producteur de la force à la fois
physique et morale. Mais nous avons vu, dans le régime
des Hébreux et dans celui des Égyptiens, une sage fusion
de ces divers principes de l'alimentation ; et c'est aussi la
méthode que les Grecs et les Romains ont adoptée pour
leur usage. Il semble, en effet, qu'en faisant reposer l'alimentation sur les quatre principes réunis, *pain et viande, vin
et lait,* on obtient nécessairement une nourriture bien plus

---

[1] Le savant historien Rohrbacher a le premier fait remarquer cette grande
différence de caractère entre les Assyriens au cœur impitoyable et les Perses
remplis, au contraire, d'humanité et de douceur. Sa perspicacité ordinaire l'a
bien servi dans cette observation.

[2] Xénophon, *Cyropédie,* l. I, ch. III.

[3] Hérodote, l. III, p. 17—26,

parfaite, qu'en donnant l'exclusion à l'un quelconque de ces éléments de subsistance que Dieu laisse partout à la portée des hommes. Souvent, quand on est exclusif, on s'expose à l'erreur[1]. La meilleure nourriture est celle qui peut le mieux sustenter les corps et favoriser l'élan naturel des esprits. Or, on ne voit pas que le régime simple et frugal des Éthiopiens ou des Perses ait suscité beaucoup d'hommes de talent chez l'un ou l'autre de ces peuples. Les Mages et les grands de la Perse formaient une classe lettrée, sans doute ; mais, à l'époque où ils brillèrent le plus, leur régime alimentaire semble avoir été différent de celui du peuple, et bien plus voisin de cette nourriture succulente que les Anglais nous ont appris à nommer *confortable*[2]. Les grands festins donnés par Cyrus, par Darius, par Baltassar[3] et par Assuérus[4] nous en donnent quelque idée. A l'ombre de tentures de diverses couleurs, suspendues par des anneaux d'argent à des colonnes de marbre, reposaient des convives sans nombre, à qui l'on servait le vin du roi dans des vases d'or. C'était un *vin fin*, et servi *en très grande abondance*. Une foule de plats et de mets recherchés garnissaient les tables ; et il y avait alors une exhibition de vaisselle fastueuse, une magnificence digne en tous points de la grandeur royale. Ces banquets splendides avaient lieu dans les jardins du roi. Le peuple lui-même y fut convié pendant sept jours, sous le règne prospère du tout-puissant Assuérus[5].

Les Babyloniens ou les Perses, après avoir brillé pendant des siècles, virent leur empire tomber en décadence et leur

---

[1] L'Écriture dit avec raison : *Hæc oportuit facere, et illa non omittere.*

[2] Dans un festin donné aux Perses, Cyrus fit servir *chèvres, moutons, bœufs, pain et vin,* avec les mets les plus exquis. Voir le détail de ce festin dans Hérodote, l. I, p. 126 ; III Esdras, III, 1—12.

[3] Daniel, V, 1—4.

[4] Esther, I, 3—9,

[5] Rohrbacher, *Hist. univ. de l'Église catholique*, t. III, p. 108.

puissance passer en d'autres mains. Volney a retracé d'une manière éloquente l'anéantissement de leurs villes superbes, dont il avait sous les yeux les tristes ruines. « Je me peignais, dit ce voyageur, l'Assyrien sur les rives du Tigre, le Chaldéen sur celles de l'Euphrate, le Perse régnant de l'Indus à la Méditerranée. Je dénombrai les royaumes de Damas et de l'Idumée, de Jérusalem et de Samarie, et les états belliqueux des Philistins, et les républiques commerçantes de la Phénicie. Cette Syrie, me disais-je, aujourd'hui presque dépeuplée, comptait alors cent villes puissantes. Ses campagnes étaient couvertes de villages, de bourgs et de hameaux. De toutes parts l'on ne voyait que champs cultivés, que chemins fréquentés, qu'habitations pressées. Ah! que sont devenus ces âges d'abondance et de vie? Que sont devenues tant de brillantes créations de la main de l'homme? Où sont-ils ces remparts de Ninive, ces murs de Babylone, ces palais de Persépolis, ces temples de Balbeck et de Jérusalem? Où sont ces flottes de Tyr, ces chantiers d'Arad, ces ateliers de Sidon, et cette multitude de matelots, de pilotes, de marchands, de soldats? Et ces laboureurs, et ces moissons, et ces troupeaux, et toute cette création d'êtres vivants dont s'enorgueillissait la surface de la terre? Hélas! je l'ai parcourue, cette terre ravagée! j'ai visité les lieux qui furent le théâtre de tant de splendeur, et je n'ai vu qu'abandon et que solitude. J'ai cherché les anciens peuples et leurs ouvrages, et je n'en ai vu que la trace, semblable à celle que le pied du passant laisse sur la poussière. Les temples se sont écroulés, les palais sont renversés, les ports sont comblés, les villes sont détruites, et la terre, nue d'habitants, n'est plus qu'un lieu désolé de sépulcres. Grands dieux! d'où viennent de si funestes révolutions? Par quels motifs la fortune de ces contrées a-t-elle si fort changé? Pourquoi tant de villes se sont-elles détruites? Pourquoi cette ancienne population ne s'est-elle point reproduite et perpétuée? [1] »

[1] *Ruines,* t. I, ch. 2

Bossuet répond comme il suit à ces graves questions, que se faisait mélancoliquement Volney sans pouvoir les résoudre :
« Les mœurs corrompues de la nation des Perses les entraînèrent bientôt dans les plaisirs, contre lesquelles nulle éducation ne peut tenir. Car leur mollesse était si grande, qu'ils voulaient trouver dans l'armée la même magnificence et les mêmes délices que dans les lieux où la cour faisait sa demeure ordinaire ; de sorte que les rois marchaient accompagnés de leurs femmes, de leurs concubines, de leurs eunuques, et de tout ce qui servait à leurs plaisirs. La vaisselle d'or et d'argent, et les meubles précieux, suivaient dans une abondance prodigieuse ; et enfin tout l'attirail que demande une telle vie. Une armée composée de cette sorte, et déjà embarrassée de la multitude excessive de ses soldats, était surchargée par le nombre démesuré de ceux qui ne combattaient point. Dans cette confusion, on ne pouvait se mouvoir de concert ; les ordres ne venaient jamais à temps, et dans une action tout allait comme à l'aventure, sans que personne fût en état de pourvoir à ce désordre. Joint encore qu'il fallait avoir bientôt fini et passer rapidement dans un pays : car ce corps immense et avide non-seulement de ce qui était nécessaire pour la vie, mais encore de ce qui servait au plaisir, consumait tout en peu de temps ; on a peine à comprendre d'où il pouvait tirer sa substance. Il ne fut pas malaisé aux Perses de dompter l'Asie mineure et même les colonies grecques, que la mollesse de l'Asie avait corrompues. Mais quand ils vinrent à la Grèce même, ils trouvèrent ce qu'ils n'avaient jamais vu : une milice réglée, des chefs entendus, des soldats accoutumés à vivre de peu, des corps endurcis au travail, que la lutte et les autres exercices ordinaires du pays rendaient adroits ; des armées médiocres à la vérité, mais semblables à ces corps vigoureux où il semble que tout soit nerf, et où tout est plein d'esprit ; au reste, si bien commandées et si souples aux ordres de leurs généraux, qu'on eût cru que les soldats

n'avaient tous qu'une même âme, tant on voyait de concert dans leurs mouvements. Mais ce que la Grèce avait de plus grand était un courage que l'amour de la liberté et celui de la patrie rendait invincible [1]. »

Ainsi, l'esprit militaire nous apparaît de nouveau comme le nerf des empires et la condition de leur stabilité. Il croît lui-même et se maintient sous les auspices de la religion et de l'agriculture, et il amène à sa suite le goût des arts et des sciences, la prospérité matérielle et morale des nations [2]. Il tombe aussi lorsque ses bases naturelles sont renversées, et sa chute entraîne tout le reste dans une ruine commune. Les nations vivent donc à l'abri de l'art militaire, qui lui-même procède de l'agriculture et de la religion comme de sa double source ; et voilà, pour emprunter le langage de Volney, « par quels mobiles s'élèvent et s'abaissent les empires ; de quelles causes naissent la prospérité et les malheurs des nations ; sur quels principes enfin doivent s'établir la paix des sociétés et le bonheur des hommes [3]. »

---

[1] *Discours sur l'histoire universelle,* 3e partie, ch. V.

[2] Voir la première thèse que nous avons développée sur ce point en 1867, dans nos *Recherches historiques sur l'esprit militaire et l'éducation nationale des Hébreux.*

[3] *Ruines,* t. I, ch. 4.

avaient tous quelque intérêt, [...] vivent libres
dans leurs [...]. Mais ce que le [...] avait de plus
grand [...] que l'auteur de la gloire et celui de
la patrie [...].

Ainsi, l'esprit militaire nous apparaît de nouveau comme
se tenant des empires et [...] de leur siècle, il naît
lui-même et [...] nous les marques de la civilisation
de l'agriculture, et il apparaît comme le fruit [...] et
des sciences, la prospérité matérielle et [...] industrielle.
Il tombe aussi lorsque [...] et [...]
et sa chute entraîne tout le reste [...].
Les nations vivent [...]
même [...]
sa double [...]
Volo[...]
emplo[...]
malheu[...]
tablir le [...]

DEUXIÈME PARTIE

GRECS & ROMAINS

CHAPITRE III

DE L'ESPRIT MILITAIRE ET DE L'ÉDUCATION NATIONALE
DES GRECS

Personne ne mit plus de soin que les Grecs à l'exercice
du corps. Ils eurent des *Héros*, qui furent des hommes *de
force et de justice*[1]. De ce nombre furent les sept qu'on
appelle *Argonautes*[2], savoir : Jason, Castor, Pollux, Pélée,
Orphée, Hercule et Thésée[3]. Estimant la force qu'ils avaient
acquise et déployée ensuite dans des travaux célèbres, ils
créèrent l'art de la transmettre ; et pour cela ils instituèrent
des *Jeux* particuliers, qu'on appela *gymniques*, parce qu'ils
exigeaient la complète nudité du corps. L'idée première de
ces jeux fut mise en avant par les héros d'Argos. Hercule

[1] Parmi les plus anciens héros de la Grèce, Homère signale en particulier
six vaillants chefs, savoir : Pirithoüs, Dryas, Cénée, Exadius, Polyphème et
Thésée. Voir leur éloge fait par le sage Nestor, dans l'*Iliade*, I, v. 260-268.

[2] Le savant auteur du *Manuel d'histoire ancienne de l'Orient*, M. François
Lenormant, sous-bibliothécaire de l'Institut, classe nettement le voyage des
Argonautes au nombre des fables. Voir l'explication qu'il en donne, en l'im-
putant aux Phéniciens, t. II, p. 278 du *Manuel d'histoire ancienne de
l'Orient*, Paris, 1868.

[3] Diodore de Sicile, *Bibliothèque historique*, l. IV ; Barthélemy, *Voyage
d'Anacharsis*, introduction, 1re partie.

fut le promoteur des *Jeux olympiques*. Thésée fut le créateur des *Jeux isthmiques*. Adraste et ses généraux commencèrent les *Jeux néméens,* au temps de l'expédition contre Thèbes. Or, ces trois héros, Hercule, Thésée, Adraste, étaient des Argiens.

Les exercices pratiqués dans ces jeux gymniques étaient de plusieurs sortes. Il y avait la course des chevaux et la course des chars, qui se faisaient dans l'*Hippodrome*. Il y avait en même temps la course à pied, pratiquée dans le *Stade*. Enfin, il y avait l'*exercice athlétique* ou le *pentathle,* renfermant la lutte, le pugilat, le disque, le javelot, le saut, le pancrace [1]. Ces jeux furent adoptés avec enthousiasme; ils causaient chaque fois un grand événement, et ils absorbèrent pour un moment toute la pensée de la Grèce. Pour chacun d'eux il y avait un concours où se pressaient des milliers innombrables de spectateurs. On y décernait aux vainqueurs des couronnes d'olivier, de laurier, d'ache, ou de chêne [2]; et ces simples récompenses étaient vivement disputées, à cause de la gloire que de tels trophées donnaient chez les Grecs. Mais il fallait aux athlètes *huit mois d'exercice* pour se préparer à ces joûtes devant tout un peuple. Or, huit mois d'un pareil travail finirent par rebuter et décourager les aspirants. Les jeux tombèrent en désuétude. Ils furent interrompus par l'amollissement des Grecs et leur manque de courage; à quoi peut-être contribua le paganisme. L'interruption de ces jeux fut longue; elle dura jusqu'au temps de Lycurgue. Mais ce grand législateur les fit reprendre. On connaît le système de Lycurgue, admirable

---

[1] Barthélemy, *Voyage d'Anacharsis,* ch. XXXVIII. Voir aussi dans les *Mémoires de l'Académie des Inscriptions,* t. I, III, IV, V, VIII, XI, XV, XVII, les différentes *Dissertations* de Burette sur les exercices gymniques et *palestriques* des anciens Grecs.

[2] L'abbé Auger, *Précis historique pour l'intelligence des harangues de Démosthènes et d'Eschine,* en tête de la traduction de Démosthènes, édition revue par Planche, 1819, t. I, p. 167.

sous plus d'un rapport, louable surtout en ce qui touche à la question si grave de l'éducation des enfants. A *sept ans*, âge que les anciens s'accordaient à prendre pour le point de départ, comme nous en faisons nous-mêmes la date ordinaire de l'*âge de raison*, la discipline régulière commençait pour le jeune homme. Cette discipline roulait sur deux bases différentes. Elle consistait : 1° dans la pratique des *exercices du corps*, qui durait toute l'enfance ; 2° dans des *questions morales*, pour exercer l'esprit et le cœur [1]. Ce dernier côté de l'éducation grecque n'a pas été aperçu d'une manière suffisante ; et quelques-uns, faute de connaître, faute de soupçonner seulement ce beau côté de l'éducation chez les Grecs, l'ont accusée injustement d'être matérielle, brutale, indécente, et même révoltante pour la nature humaine. Gardons-nous de cette rhétorique myope : elle croit voir les choses qui ne sont pas : elle déraisonne en conséquence.

L'éducation des Spartiates, objet d'âpres critiques en ce qui touche au côté moral, était pourtant louable et fort honnête de ce côté. Les questions morales que Lycurgue avait prescrites comme une partie obligatoire de ses institutions, étaient de ce genre : « Qui est le plus homme de bien de la ville ? Que dites-vous d'une telle action ? » Il fallait faire à ces questions une réponse *prompte*, toujours *motivée* et surtout *laconique*. C'était là, certes, une excellente méthode pour former le jugement et pour graver dans le cœur une forte empreinte des bons principes. Elle a été renouvelée de notre temps dans plusieurs traités de pédagogie allemande [2] ;

[1] Rollin, *Histoire ancienne*, l. V, art. 7 ; Rohrbacher, *Histoire univ. de l'Église catholique*, t. III, p. 350—351. Ce dernier auteur, en parlant de Sparte ou Lacédémone, dit que « c'était moins une ville qu'un *camp occupé par une congrégation militaire* ; le tout sévèrement discipliné par Lycurgue. » Les citoyens, en effet, n'y devaient connaître que la guerre et les armes ; ce qui fait dire au même historien : « Athènes était une académie où tout s'apprenait, même la guerre ; Sparte n'a jamais été qu'une caserne. »

[2] Voir l'excellent *Manuel de Pédagogie*, par Bernard Overberg, traduction française de l'abbé Cornet, p. 116. Voir aussi mon *Essai sur l'éducation des enfants de village*, in-4°, p. 16.

et ce qu'on appelle *exercices d'intelligence* ou *exercices mo-*
raux, [1] n'est pas autre chose qu'un emprunt fait au système
de Lycurgue, ou pour mieux dire, au système commun
d'éducation suivi chez les anciens. Il y avait aussi chez les
Spartiates des *Salles de conversation* [2], comme il en existe
en Allemagne dans toutes les villes de bains, par exemple à
Ems, à Wiesbaden, à Hombourg et à Baden-Baden. La vie
de ce peuple était militaire d'une manière exclusive [3]. Il se
tenait isolé, sans mélange avec personne, et formant une
caste, ou une population vivant à part ; ce qui l'éloignait
de la vie *sociale* des modernes, et même de la vie *nationale*
connue à cette époque.

Quant aux autres Grecs, ils avaient pour les choses de la
guerre et l'application aux tours du gymnase un goût prononcé, souvent aussi vif que chez les Spartiates. Chez eux,
à tout âge on se livrait à l'exercice. Lors du tremblement de
terre en 464, de jeunes hommes et de jeunes garçons, c'est-
à-dire des Spartiates d'âges très-divers, faisaient ensemble
du gymnase, et ils s'y appliquaient dans un *Portique,* lequel
était construit apparemment pour cet objet. En général les
temples d'Hercule avaient un portique destiné à servir de
gymnase ; on peut citer comme exemple celui du Cynosarge [4]. Lors de la fameuse *Retraite des dix mille,* en-
des jeux furent célébrés à Trébizonde ; conformément
pour former le

---

[1] A l'exemple d'Overberg, j'ai donné moi-même, dans *le Bon Maître d'École*
au XIXᵉ siècle, p. 94-105, divers spécimens des *exercices d'intelligence*
ou *exercices moraux,* tels que Lycurgue en avait proposé l'usage pour
l'éducation morale des Spartiates.

[2] On donnait le nom de *Leschès* à ces salles de conversation.

[3] L'éducation militaire des Spartiates commençait même dès avant la naissance, parce qu'on exerçait à *la course,* à *la lutte,* au *disque,* au *javelot*
les femmes aussi bien que les hommes. Voir à ce propos, t. xxxiii, p. 450 de
Cicéron Panckoucke, une comparaison curieuse des Françaises de 1850 avec
ces femmes fortes de Lacédémone.

[4] Le *Cynosarge* était situé assez près du *Lycée,* hors de la ville d'Athènes,
au-delà de l'Illissus.

l'usage national; et parmi ces jeux Xénophon mentionne nommément: *la course à pied, la course à cheval, la lutte, le pugilat et le pancrace.* A l'égard de l'exercice corporel, il y avait donc parmi les Grecs une entière uniformité.

Mais jusqu'ici nous n'avons guère montré que le gymnase des Grecs. Parlons aussi de la guerre, ou de la milice proprement dite. L'organisation militaire commence à paraître chez les Grecs dans la guerre de Thèbes [1]. Elle se bornait dès ce moment à pratiquer les jeux d'Hercule. Un premier perfectionnement y fut apporté vers le temps de la guerre de Troie. A cette dernière date, l'attaque se faisait *en silence* du côté des Grecs, tandis que chez les Troyens elle commençait par une échappée de *cris terribles* [2]. Les armes offensives étaient: *la pique, la massue, l'épée et le javelot.* Les armes défensives étaient: *le casque, la cuirasse, les cuissards et le bouclier* [3]. Quant à la force des troupes, elle atteignait des proportions non méprisables. Voici l'effectif que présentèrent, à différentes époques, les armées grecques:

1° Armée des Grecs au siége de Troie [4]: *Cent mille hommes et douze cents vaisseaux.* C'était donc une belle armée et une belle flotte, eu égard à l'état de la Grèce dans une époque si éloignée.

2° Armée de Crotone contre Sybaris [5]: *Cent mille hommes* tirés de cette seule république.

3° Armée de Sybaris contre Crotone [6]: *Trois cent mille hommes* fournis par quatre peuples alliés et amenés de vingt-cinq villes confédérées.

4° Armée des Grecs contre Xerxès [7]: *Quatre-vingt qua-*

---

[1] Barthélemy, *Voyage d'Anacharsis*, introduction, 1re partie.

[2] Homère, *Iliade*, III, v. 2—9.

[3] Homère, *Iliade*, XI, v. 18—45.

[4] Homère, *Iliade*, II, v. 494-785; Barthélemy, *Voyage d'Anacharsis*, introduction, 1re partie.

[5] Rollin, *Histoire ancienne*, t. VII, ch. 11, 1-2.

[6] Ibid.

[7] Barthélemy, *Voyage d'Anacharsis*, introduction, 2e partie, sect. 2.

torze mille huit cent vingt hommes, décomposés de la façon suivante :

Avant-garde	7,000
Corps d'armée de terre	12,000
Marins des 280 vaisseaux	75,520
Spartiates	300
Total	94,820

C'était combattre dans la proportion de 1 contre 1,000, puisque Xerxès opéra contre ces guerriers grecs avec deux millions d'hommes. La victoire néanmoins fut acquise aux Grecs, dont la guerre constituait le vrai métier, et dont le courage était soutenu par leur amour de la patrie.

5° Armée des Athéniens à Marathon [1] : *Dix mille hommes* fournis par cette seule république.

Cette poignée d'hommes osa combattre 100,000 fantassins perses renforcés par 10,000 chevaux ; et par le fait, elle triompha de cette grande multitude. C'est que la tactique et le patriotisme font des prodiges à la guerre. Dans cette bataille mémorable, les Athéniens avaient commencé l'attaque *au pas de course.* L'illustre César approuvait cette manière. Le grand Pompée, au contraire, n'en était point partisan ; il préférait l'*attitude immobile.* L'événement de Pharsale, où César fut vainqueur et Pompée vaincu, trancha de nouveau la question.

6° Armée d'Alexandre-le-Grand [2] : *Soixante-douze mille quatre cent quarante hommes,* décomposés de la façon suivante :

Fantassins	30,000
Cavaliers	5,000
Marins des 160 vaisseaux	37,440
Total	72,440

---

[1] Rollin, *Histoire ancienne,* l. VI, ch. I, sect. 7.

[2] Arrien, *Expédition d'Alexandre,* l. I, ch. III.

7º Armée d'Antipater [1] : *Quarante-huit mille hommes* décomposés de cette manière :

Fantassins.	40,000
Archers ou frondeurs. .	3,000
Cavaliers	5,000
Total	48,000

8º Armée des alliés grecs contre Antipater [2] : *Vingt-huit mille cinq cents hommes* décomposés de la façon suivante :

Fantassins.	25,000
Cavaliers	3,500
Total.	28,500

9º Armée d'Antigone à Ipsus [3] : *Soixante-dix mille trois cents hommes* ainsi décomposés :

Fantassins.	60,000
Cavaliers	10,000
Cavaliers des 75 éléphants.	300
Total.	70,300

10º Armée de Séleucus [4] : *Quatre-vingt six mille deux cent vingt hommes* ainsi décomposés :

Fantassins.	74,000
Cavaliers.	10,500
Cavaliers à dos des 400 éléphants.	1,600
Chars de guerre	120
Total.	86,220

Ces quantités de soldats se renouvelant pour chaque bataille et ne faisant jamais défaut lorsqu'il se trouve une occasion d'en venir aux mains, nous prouvent de nouveau que, chez les anciens en général et chez les Grecs en parti-

[1] Rollin, *Histoire ancienne*, l. XVI, sect. 2.
[2] Rollin, *Histoire ancienne*, l. XVI, sect. 2.
[3] Rollin, *Histoire ancienne*, l. XVI, art. 1, sect. 9.
[4] Rollin, *Histoire ancienne*, l. XVI, art. 1, sect. 9.

culier, chaque citoyen était propre à faire un soldat. C'est aussi une preuve convaincante que l'éducation du jeune âge roulait principalement sur l'exercice militaire. Dans les pays façonnés les premiers à la civilisation, c'est-à-dire chez les Hébreux, chez les Égyptiens, chez les Babyloniens, et surtout chez les Perses, nous avons déjà constaté que telle était l'éducation de la première enfance, de la jeunesse elle-même, et parfois aussi de l'âge mûr. Il en était de même chez les Grecs, chez les Romains, et jusque chez les peuples grossiers qui furent condamnés, par l'arrêt mystérieux de la Providence, à rester plus longtemps dans un état barbare. Les Gaulois, par exemple, étaient guerriers en masse, comme on le voit par ces multitudes de soldats entraînés fréquemment sur les pas de leurs belliqueux chefs. Une division de ces Gaulois, forte de 65,000 hommes, fit une démonstration jusqu'à Delphes, c'est-à-dire jusqu'au cœur de la Grèce [1]. Elle faisait partie d'un corps plus nombreux, que l'on ne peut guère évaluer à moins de 150 ou même 200,000 hommes. Justin nous dit que, sous les successeurs d'Alexandre, les rois de l'Orient ne faisaient plus aucune guerre sans avoir une armée de Gaulois à leur solde [2]. Telle était la terreur de leur nom, tel était le bonheur invincible de leurs armes, que les monarques jugeaient impossible, sans leur valeur, soit de soutenir leur majesté, soit de reconquérir la puissance quand ils l'avaient perdue [3]. C'est par suite de leur caractère belliqueux que les Gaulois, originairement appelés *Gomariens* ou *Gomarites*, furent ensuite surnommés *Cimbres* ou *Cimmériens*, qui veut dire guerriers [4]. Divers peuples d'Orient, qui eurent jadis leur vie propre et leur époque de gloire nationale, n'ont fleuri qu'au

---

[1] Amédée Thierry, *Histoire des Gaulois*, l. II, ch. I.
[2] Justin, *Histoires philippiques*, l. XXV, 2.
[3] Rohrbacher, *Histoire universelle de l'Église catholique*, t. III, p. 426.
[4] Rohrbacher, *Histoire universelle de l'Église catholique*, t. III, p. 480.

moment même où ils furent animés pareillement de l'ardeur guerrière et du goût des travaux militaires. Tels furent les Iduméens, chez lesquels existait une *puissante armée*, brillait aussi la *construction des routes*, et florissait l'*agriculture* [1]. Tels furent les peuples de Basan, chez lesquels on voyait *60 villes fortifiées de murailles*, une foule d'autres villes ouvertes, des *routes superbes*, et une *population belliqueuse en masse* qui partageait ses soins entre les exercices de guerre et les travaux des champs [2]. Tels furent les Chananéens et les Philistins, chez qui le goût des sciences brillait d'un vif éclat dans la *ville savante* de Cariath-Sépher [3], et qui en même temps avaient une *grande multitude de chars armés de faulx*, sans compter la *multitude encore plus grande des combattants à pied* [4]. Tels furent les Madianites, dont l'armée ne comptait pas moins de *135,000 hommes tirant du glaive* [5]. Tels furent les peuples d'Azor, dont le roi Jabin conduisait en bataille l'*infanterie innombrable* [6], flanquée ou renforcée du formidable soutien de *900 chars à faulx*. Tels furent les Agaréens, à qui les Hébreux purent faire *100,000 prisonniers*, et tuer encore une *multitude immense* [7]. Tels furent les Ammonites et Amalécites, contre lesquels Saül faisait marcher des armées fortes de *330,000* ou *210,000 hommes* [8]. Tels furent, enfin, les Syriens de Soba et de Damas, à qui David prit, en trois rencontres successives, *82,000 fantassins, 47,000 cavaliers, et 1,700 chariots* [9]. L'art militaire a donc été autrefois la grande passion de

[1] Nombres XX, 14-20.
[2] Nombres XXI, 22-35 ; Deutéronome, III, 1-8.
[3] Josué, XV, 15.
[4] Josué, XVII, 16-18.
[5] Juges, XVIII, 10.
[6] Juges IV, 2-7.
[7] I Paralipomènes, V, 21.
[8] I Rois, XI, 8 ; XV, 4.
[9] II Rois, VIII, 3-13.

tous ces divers peuples; et, pendant toute la durée de leur existence nationale, ils ont fait de l'exercice militaire la base commune ou la pierre angulaire de leur éducation.

Mais ce fut chez les Grecs que l'art militaire, en accomplissant de nouveaux progrès, montra le mieux son heureuse influence. Les Thébains avaient les premiers conçu l'idée du *Bataillon sacré :* c'était un corps de 300 hommes [1]. Les Spartiates, à leur tour, eurent l'honneur d'inventer la *Phalange,* autrement nommée le corps des *Scirites :* c'était de même un corps de 300 hommes. On sait que Léonidas, aux Thermopyles, mourut à la tête d'une semblable phalange [2]. Plus tard, les Macédoniens eurent une *Phalange* d'un autre genre ; elle fut d'abord de 1,600 hommes, ensuite de 16,000 hommes, c'est-à-dire décuplée. Ce dernier système de phalange ne commença qu'avec Philippe, le père du fameux Alexandre ; il consiste à mettre dix phalanges à côté l'une de l'autre. Dans une phalange simple, on mettait cent hommes de front sur *seize* de profondeur. Tous avaient l'*épée,* le *bouclier* et la *pique* de sept mètres. Les distances étaient de trois sortes : en *rangs serrés,* un demi-mètre ; en *marche de bataille,* un mètre ; en *marche libre,* deux mètres. En arrivant proche de l'ennemi, la phalange faisait halte. Telles étaient les dispositions qu'introduisit Philippe pour faire manœuvrer la phalange [3]. Auparavant, les dispositions du combat étaient variables ; et dans les engagements, chaque général, au lieu de s'astreindre à quelque règle fixe, prenait conseil de son génie particulier. C'est ainsi qu'à la bataille de Leuctres, où les Lacédémoniens se battirent contre les Thébains, Cléombrote avait rangé sa troupe sur *douze* hommes de hauteur, tandis qu'Épaminondas avait

---

[1] Rollin, *Histoire ancienne,* l. XII, ch. I, sect. 4.

[2] Barthélemy, *Voyage d'Anacharsis,* introduction, 2e partie, sect. 2.

[3] Rollin, *Histoire ancienne,* l. XIV, sect. I.

rangé les Thébains sur une épaisseur de *cinquante* [1]. En cette journée mémorable on vit la *Phalange lacédémonienne* aux prises avec le *Bataillon sacré ;* ce fut le bataillon qui l'emporta. Les Lacédémoniens de cette époque étaient pourtant des hommes bien aguerris ; ils étaient rompus, comme ceux d'autrefois, à tous les exercices du corps. Précisément même alors qu'eut lieu la bataille de Leuctres, la ville de Sparte célébrait les *Jeux gymniques ;* et elle était pleine d'étrangers que la curiosité y avait amenés pour voir les grandes choses que promettaient la renommée de ses brillants athlètes et la force bien connue de tous ces robustes exercices.

La Phalange des Grecs, toute merveilleuse qu'elle parut en son temps, devait être un jour dépassée par l'organisation savante de la *Légion romaine.* C'est ce que Polybe, Tite-Live, Bossuet et Rollin nous font très-bien comprendre [2]. Alexandre néanmoins, sans autre secours que ses phalanges, fit déjà des prodiges. Il est vrai que, dans ses marches victorieuses, ou plutôt dans son vol rapide d'une contrée à l'autre, son génie compta pour beaucoup. A Issus, avec 35,000 hommes il put tuer 100,000 Asiatiques [3]. C'était la proportion des soldats de Napoléon Ier contre les armées autrichiennes, qu'ils parvenaient à battre avec une fortune merveilleuse. A Issus, comme à Marathon, l'attaque des Grecs eut lieu *au pas de course ;* et de notre temps c'est encore ainsi que procèdent les zouaves ou les chasseurs à pied, c'est-à-dire nos soldats d'élite, façonnés aux allures rapides et rendus ainsi plus aptes à porter les grands coups dans les guerres de haute lutte, comme l'avait compris Lamoricière, l'illustre

[1] Rollin, *Histoire ancienne*, l. XII, ch. I, sect. 4.

[2] Polybe, *Histoire générale*, l. XVII, ch. 24 ; Tite-Live, L. IX, ch. 19 ; l. XXXI, ch. 39 ; Bossuet, *Discours sur l'histoire universelle*, 5e partie, ch. VI ; Rollin, *Histoire ancienne*, l. XIV, sect. I.

[3] Arrien, *Expédition d'Alexandre*, l. II, ch. V.

organisateur de ces troupes. Il est beau de suivre Alexandre
et de le voir voler avec ses phalanges de conquête en
conquête. Après qu'il a passé les fleuves et gravi les montagnes, il arrive devant les grandes villes. Renverser la
plupart d'entre elles ne lui semble qu'un jeu. Mais voici
Tyr, la ville imprenable, avec ses murs hauts de 150 pieds [1].
Cette forteresse puissante des Phéniciens se dresse devant le
héros grec comme un obstacle insurmontable. Alexandre en
forme le siége. Tyr *arme sa jeunesse,* c'est-à-dire simplement
les soldats, la troupe ordinaire, dont le contingent était
fourni par sa population, sans nul emprunt du dehors.
Malgré le nombre et la bravoure de cette armée civique,
Alexandre continue le siége. Il fait jeter une digue, ouvrage
colossal, au milieu de la mer, et il finit par emporter la
ville, après un siége opiniâtre de sept mois. Nabuchodonosor
avait mis treize ans au siége de la même ville, Psammétique
vingt-neuf ans à celui d'Azoth, les Grecs anciens dix ans à
celui de Troie, les Romains dix ans à celui de Véies. Il n'y
eut de comparable au siége de Tyr par Alexandre, que celui
de Babylone par Cyrus, et celui de Rhodes par Démétrius
Polyorcètes, ou le *preneur de villes* par excellence.

Les campagnes d'Alexandre durent coûter la vie à des
milliers incalculables de soldats. Mais la Grèce n'en manqua
jamais [2]. Tant que dura sa réputation, elle cultiva soigneusement l'exercice corporel ; elle adopta pour sa jeunesse,
dans chacune de ses républiques, un système d'éducation
militaire conforme à l'esprit national et formant pour chaque
citoyen l'apprentissage le plus naturel de la guerre. « Ce
qui distingue, dit Godeau, l'éducation que les anciens
faisaient donner à leurs enfants de celle où notre jeunesse

---

[1] Rollin, *Histoire ancienne,* l. XV, sect. 6.

[2] Voir ce que dit l'abbé Auger sur la marine et l'armée des Athéniens,
dans sa traduction des *OEuvres complètes de Démosthène et d'Eschine,*
édition revue par Planche ; Paris, 1819, t. I, p. 179-185.

puise les premiers éléments des connaissances, c'est que dans les états les plus policés de l'antiquité, les exercices gymnastiques ou corporels jouissaient d'une grande prééminence sur les études qui se proposent uniquement la culture des facultés intellectuelles. Il y avait des gymnases dans presque toutes les cités de la Grèce ; c'étaient des lieux où la jeunesse s'exerçait à la lutte, à la course, au pugilat et aux autres jeux propres à donner aux corps de la vigueur, de la souplesse et de l'agilité. Les Lacédémoniens instituèrent, dit-on, les premiers l'éducation gymnastique, qui passa chez les Athéniens, puis chez les autres Grecs, puis chez les Romains, à la chute desquels elle se perdit à peu près entièrement, si ce n'est qu'on en retrouve quelque image dans les tournois de la chevalerie, où toute la force et toute l'adresse se rapportaient au maniement des armes ; encore la lice ouverte aux seuls nobles en excluait-elle tout le reste de la population. Quant aux écoles destinées à instruire les enfants, nous savons qu'il y en eut chez les Égyptiens, les Phéniciens, les Perses, et surtout chez les Grecs, sans en excepter les Spartiates, qui bannissaient pourtant tous les ornements du langage. Chaque ville avait son école ou ses écoles, car il y en avait de plusieurs degrés. Dans les petites écoles, les enfants de l'âge le plus tendre apprenaient à lire. De là, ils passaient dans celles où l'on enseignait la grammaire, la poésie et la musique, art qui était beaucoup plus en honneur chez les Grecs que chez les Romains, qui n'aimaient que le son de leurs trompettes et de leurs clairons. Des écoles du second âge, les adolescents passaient dans celles où ils étudiaient la rhétorique et les leçons des philosophes. Nous ignorons jusqu'à quel point l'instruction était répandue et populaire dans les différents États de la Grèce, et si le peuple des campagnes participait à ses bienfaits ; mais nous savons qu'à Athènes elle s'étendait jusqu'aux enfants de la dernière classe, sans exclure les filles de la plus basse extraction. Aussi le petit peuple d'Athènes prétendait-il à la pureté du langage aussi bien que les riches citadins [1]. »

D'après l'exemple des Hébreux, des Égyptiens et des Babyloniens, nous pouvons déjà penser que l'exercice corporel des Grecs n'étouffa chez eux ni le goût des arts, ni la pénétration d'esprit, ni le génie de l'éloquence, ni la gloire littéraire, ni l'aptitude aux langues. Mais voici quelques faits, choisis entre mille, qui nous semblent de nature à prouver combien l'ardeur militaire s'alliait chez les Grecs à tout un ensemble de civilisation, dont les monuments subsistent et continuent de faire l'admiration des siècles.

Thémistocle apprit le persan, et n'avait employé qu'une *seule année* pour le savoir à fond [2]. Il y était devenu si habile, dit-on, qu'il parla au roi Xerxès dans cette langue *avec plus de facilité que n'auraient pu le faire des Perses d'origine.* De nos jours, les méthodes Boulet, Ahn ou Ollendorff ne sont pas plus rapides. La méthode Boulet fait apprendre une langue en *un an*, la méthode Ollendorf en *six mois*, la méthode Ahn en *trois mois*. Mais ces méthodes n'opèrent avec rapidité que sur les intelligences bien douées, pour apprendre ; elles ne produisent pas d'ailleurs en un clin d'œil une connaissance à fond, mais seulement des notions suffisantes pour un premier emploi, c'est-à-dire pour l'usage.

[1] *Histoire de tous les peuples*, t. II, p. 149-153. A l'appui de ce que dit Godeau sur les écoles des Égyptiens, on lit dans le *Journal des Instituteurs* du 7 juin 1868 : « L'invention de la bière ne date pas d'hier. Voici que les égyptologues ont constaté que, dans les hautes écoles ou universités de l'empire des pharaons, les étudiants buvaient déjà de la bière, ou du moins une boisson faite avec de l'orge et appelée *hag*. Il existe des papyrus où un père gourmande son fils, en lui reprochant de courir toute la journée les cabarets pour y boire de ce maudit *hag*. » Les découvertes de ce genre sont de nos jours aussi fréquentes qu'inattendues ; elles donnent raison à cette maxime, déjà bien vieille, mais toujours bien sage, du fameux Salomon : « Nihil sub sole novum, nec valet quisquam dicere : *Ecce hoc recens est;* jam enim præcessit in sæculis, quæ fuerunt ante nos (*Eccl.* I, 10). »

[2] Cornélius Népos, *Thémistocle*, ch. VIII-X.

courant. Il est vrai qu'un tel résultat, rapidement obtenu, est un avantage déjà bien précieux.

A l'école du philosophe Anaxagore, surnommé la *Pensée*, Périclès étudia la *physique* et l'*éloquence* avec beaucoup de fruit [1]. Par le disciple on peut juger le maître. Il n'est peut-être pas inutile de remarquer ici la ressemblance du surnom d'Anaxagore avec celui de Catinat, que ses soldats n'appelaient jamais autrement que le *Père la Pensée*. On en peut dire autant du fameux hollandais Guillaume le *Taciturne*.

Le philosophe Thalès avait une estime singulière de la gymnastique ; il mourut même en *assistant aux jeux de la lutte* [2]. Pythagore lui-même s'établit chez l'*athlète* Milon, qui fut l'un des élèves brillants de cet illustre philosophe. Pythagore avait aussi élevé Charondas, ce grand homme qui conçut le premier, à Thurium, l'idée de fonder l'*instruction gratuite et obligatoire* et d'instituer en Grèce des maîtres publics stipendiés sur les deniers de l'État [3]. En général, les philosophes grecs tenaient école dans les gymnases, sous des portiques, et dans les lieux de réunion publics.

La *magnificence des sculptures* placées à la proue des vaisseaux athéniens, prouve à quel point le goût des arts était dominant chez ce peuple [4]. L'*ardeur incroyable* des

---

[1] Rollin, *Histoire ancienne*, l. VII, ch. I, sect. 7 ; Barthélemy, *Voyage d'Anacharsis*, introduction, 2e partie, sect. 5.

[2] Rohrbacher, *Histoire univers. de l'Eglise catholique*, t. III, p. 210-211.

[3] Rollin, *Histoire ancienne*, l. VII, ch. II, sect. 2. *L'Instruction gratuite et obligatoire* a été de nos jours renouvelée des Grecs. On sait que les Prussiens comptent parmi les partisans les plus chaleureux de l'instruction obligatoire. En France, M. Duruy, ministre de l'instruction publique, a consacré tous ses efforts à faire triompher des principes analogues à la méthode prussienne ; mais tout ce qui sent la contrainte, fût-ce même la meilleure chose du monde, répugne instinctivement et foncièrement à l'esprit libéral des Français. C'est de nous que l'on peut dire, comme des Galates nos congénères : *Vos in libertatem vocati estis* (S. Paul, *Épître aux Galates*, V, 13). Nous aimons l'instruction ; mais nous la voulons libre.

[4] Thucydide, *Guerre du Péloponèse*, l. VI, sect. 30-32.

7

jeunes Athéniens pour suivre Socrate dénote aussi leur amour du savoir, leur goût pour la sagesse [1]. A l'un de ces jeunes gens, qui fut Alcibiade, Socrate fit une excellente leçon sur la *Carte géographique du monde* [2]. Nous remarquerons, à ce propos, que la *Carte de la Palestine* avait été dressée sous Josué et rendue vulgaire pour l'usage des Hébreux [3] ; que la *Carte du monde* fut dressée ensuite sous Sésostris, après les conquêtes de ce grand prince, comme le témoigne formellement Apollonius [4] ; et qu'enfin la *Carte générale du monde connu* était pareillement en usage chez les Perses [5]. On voit par là que les cartes géographiques sont d'une origine aussi ancienne que l'écriture alphabétique. Celles qu'avaient primitivement les Orientaux, par exemple les Perses aussi bien que les Grecs, étaient gravées sur une planche de cuivre. Constantin et Charlemagne en eurent aussi de pareilles, mais gravées sur or ou sur argent, comme il convenait à la richesse de ces puissants monarques [6].

Pisistrate, pour entrer tout à fait dans le goût de sa nation, fit construire et embellir toutes sortes de monuments, qui furent de grandes merveilles. C'étaient des temples, des gymnases, des fontaines, une nouvelle édition des œuvres d'Homère, et la *Bibliothèque* d'Athènes, composée du recueil des meilleurs livres connus [7].

[1] Rollin, *Histoire ancienne*, l. IX, ch. IV, sect. 5.

[2] « Cette carte, dit Letronne, représentait toute la terre. » C'était donc une carte générale ou mappemonde. Voir Raffy, *Lectures histor.*, t. II, p. 221.

[3] Josué, XVIII, 4-9.

[4] *Argonautiques*, l. IV. Le Musée de Turin possède un fragment de carte *géographique* qui embrasse la région des mines d'or de la Nubie. Cette carte est du temps de Séti Ier, père de Sésostris et chef de la XIXe dynastie, 1462 ans avant Jésus-Christ. Voir à ce sujet le *Manuel d'histoire ancienne de l'Orient*, par François Lenormant, sous-bibliothécaire de l'Institut, t. I, p. 356.

[5] Hérodote, l. V, sect. 30 et suiv.

[6] Rohrbacher, *Histoire univers. de l'Église catholique*, t. XI, p. 570-571.

[7] Barthélemy, *Voyage d'Anacharsis*, introduction, 2e partie, sect. 3 ; Rohrbacher, *Histoire universelle de l'Église catholique*, t. III, p. 552.

L'apparition de Socrate au milieu des Athéniens fut la véritable naissance de la philosophie. Il cherchait lui-même les jeunes gens, dans le dessein de les gagner à la vraie sagesse. C'est pourquoi il fréquentait les gymnases, ou les lieux d'exercices, et tous les endroits où la jeunesse avait coutume de s'assembler. Il stimulait par la *gloire* et la *honte* ceux qui par eux-mêmes manquaient de résolution. Son grand art était, comme il le disait lui-même, de se faire *accoucheur d'esprits*. On a remarqué la grande simplicité de sa méthode d'enseignement et le naturel parfait de ses sages procédés. Il enseignait d'une manière différente des autres maîtres, sans monter dans une *chaire élevée,* sans même s'astreindre à une *heure fixe.* Sa méthode se réduisait à des *conférences* et à des *promenades* faites en grande liberté. Pendant que les sophistes se vantaient d'enseigner les *sciences curieuses* et se faisaient par ce moyen beaucoup d'argent, Socrate se contentait d'expliquer des questions familières et faisait preuve du plus grand désintéressement. Il était *poète* aussi bien que philosophe, et il mit en vers quelques fables d'Ésope ; mais il ne nous est parvenu aucun de ses écrits. On sait que Socrate fut surnommé *le plus sage des hommes,* et que ce surnom glorieux lui fut décerné à bon droit [1]. Il fut, en effet, comme une espèce de saint dans la nuit morale et intellectuelle qui aveugla le monde entier lorsque jadis régnait le paganisme.

Platon, qui fut pendant huit ans l'élève de Socrate, acquit des connaissances prodigieuses auprès d'un pareil maître. Il était versé dans la *grammaire,* la *gymnastique,* la *géométrie,* la *peinture,* la *musique* et la *poésie* [2]. Sa philosophie comprenait tout le domaine des arts et des sciences, et formait ainsi une sorte d'encyclopédie. Platon fut le conti-

---

[1] Xénophon, *Mémoires sur Socrate* ; Platon, *Phédon* ; Rollin, *Histoire ancienne,* l. IX, ch. IV, sect. 5 ; Rohrbacher, *Histoire universelle de l'Église catholique,* t. III, p. 235, 250, 254.

[2] Rohrbacher, *Histoire univers. de l'Église catholique,* t. III, p. 260-262.

nuateur de Socrate. Les jardins du riche Académus où le sommet du cap Sunium étaient les endroits favoris où ce grand philosophe établit son école, qui fut appelée l'*Académie*. La grandeur de la scène y répondait à celle de la doctrine. On vit plus tard Bossuet partager en ceci les idées de Platon.

Aristote fut pendant vingt ans l'élève de Platon, et s'appropria merveilleusement toutes les connaissances de son maître. Il y joignit l'étude de la *médecine*, que professait son père, et l'*histoire naturelle*, dont il fut le créateur dans sa patrie, comme Salomon chez les Hébreux, Pline chez les Romains, Buffon et Cuvier parmi nous. L'école d'Aristote fut placée dans un gymnase, ou lieu d'exercices, nommé *Lycée*. Aristote s'y rendait deux fois par jour, c'est-à-dire le matin et le soir. Le matin, il enseignait pour ses disciples, auxquels il expliquait savamment les plus hautes questions. Le soir, il admettait le public à ses cours, et il se mettait alors à la portée du commun de ses auditeurs. Aristote *se promenait* pour enseigner, à l'instar de Socrate. Ses disciples prirent de lui cette habitude, dont la pensée s'accommode mieux que d'un repos trop prolongé du corps; et ils furent, pour cette raison, nommés les *Promeneurs* ou *Péripatéticiens*, suivant la forme du mot grec. Aristote a tracé, dans ses livres *de la République*, un plan d'éducation assez complet pour son époque, où les études classiques acquéraient chaque jour une plus grande étendue et brillaient déjà d'un assez vif éclat. Il fait figurer dans son programme d'une éducation libérale : la *grammaire*, la *gymnastique*, la *musique*, la *peinture*, avec la *poésie*, la *géométrie*, la *médecine* et l'*histoire naturelle*, c'est-à-dire l'ensemble à peu près complet de toutes les connaissances de son temps [1].

A l'exemple de Platon, qui avait senti combien le génie souffre des atteintes de l'immoralité et qui, par ce motif,

---

[1] Rohrbacher, *Hist. univ. de l'Égl. cathol.*, t. III p. 273, 274 et 501.

avait déjà flétri la tendance impudique des poètes grecs,
Aristote s'élève avec force contre les tableaux impudiques [1],
dont le théâtre grec remplissait alors les oreilles et les yeux ;
il proscrit sévèrement toute impudicité ; et de même que
Platon chassait sans pitié les poètes de sa république, Aristote
condamne absolument le théâtre, qui lui semble une école
trop funeste aux jeunes gens. En effet, c'est quand on a
dans le cœur la pureté d'un ange qu'on acquiert dans
l'esprit un coup-d'œil d'aigle. Voilà pourquoi l'*Ange de
l'École* et l'*Aigle de Meaux* se sont élevés si haut l'un et
l'autre dans ces pures régions où sont placées les sources
de la lumière, et où nos regards étonnés suivent de loin
leur vol rapide vers le foyer même des clartés, qu'un abîme
sépare naturellement de la portée intellectuelle du commun
des hommes. Aristote et Platon, sans avoir égalé ni saint
Thomas, ni Bossuet, étaient déjà des aigles de cette force.
Les écrits nombreux et admirables qu'ils nous ont laissés
montrent bien quel était leur génie. Aristote fut le premier
qui eut l'idée d'établir une classification des sciences, d'a-
nalyser chaque branche de la science générale, de créer un
langage technique, et de donner à la démonstration scien-
tifique une grande solidité fondée sur la simplicité. C'est de
lui qu'on aurait pu dire, mieux que d'aucun autre : *Il abrège
tout, parce qu'il voit tout* [2]. On dit que ce savant philosophe
avait écrit 400 volumes. Épicure lui-même en écrivit 300.
Chrysippe, non moins intrépide, en écrivit jusqu'à 705 [3].
Il est évident qu'avec un certain nombre de producteurs

[1] Comparez avec ce langage de Platon et d'Aristote celui de M. de Falloux
disant, à la séance publique de l'Académie française, sur les prix de vertu
décernés en 1867 : « Les grandes actions, comme les grandes pensées,
viennent du cœur. *Tout ce qui divise le cœur affaiblit l'inspiration*, et par
conséquent diminue le rôle et la destinée de l'homme. » C'est la plus grande
vérité exprimée dans le plus beau langage devant l'élite de nos grands
hommes.

[2] C'est l'expression de Montesquieu au sujet de Tacite.

[3] Rohrbacher, *Hist. univers. de l'Égl. cathol.*, t. III, p. 273 et 315.

aussi féconds, la Grèce pouvait sans trop de peine enrichir les rayons de la bibliothèque d'Athènes, et en faire une collection comparable pour le genre et l'étendue à nos bibliothèques modernes.

Voilà donc en Grèce une civilisation avancée, contemporaine de Périclès et d'Alexandre, et digne d'être mise en parallèle avec la nôtre! On pourrait même, en tenant compte de la différence des temps, la croire, au moins sous certains rapports, supérieure à la nôtre [1]. En effet, sa littérature, ses monuments et ses grands hommes sont toujours nos modèles; et nous nous sentons petits de taille, en comparant nos productions modernes avec les œuvres merveilleuses de cette époque lointaine, où le génie, avec peu de ressources,

[1] Telle n'est point la pensée de M. de Quatrefages, si l'on en juge d'après les paroles suivantes du savant professeur : « Sommes-nous inférieurs à nos ancêtres, et notre civilisation a-t-elle à rougir devant ses devancières? Oui, répond M. de Gobineau; non, n'hésitons-nous pas à dire. Sans doute le gigantesque sans but a pour nous peu d'attraits, et nous n'élèverions pas une pyramide pour recevoir un cercueil. Mais reculons-nous quand une pensée de foi ou un grand but à atteindre viennent inspirer nos efforts? Les faits attestent le contraire. La flèche de la cathédrale de Strasbourg est de bien peu dominée par la pyramide de Chéops; en coupant l'isthme de Suez nous refaisons l'œuvre des Pharaons sur une bien plus grande échelle, et en perçant les Alpes nous dépassons certainement tout ce qu'eût osé rêver l'antiquité. Même dans le domaine des arts sommes-nous si fort au-dessous des Grecs, ces modèles acceptés de tous? Mais s'ils sont restés nos maîtres pour l'architecture et la sculpture, ne serions-nous pas les leurs pour la peinture et la musique? Et quelle civilisation passée a approché, même de très-loin, de nos œuvres de science pure, des merveilles qui, grâce à elles, se réalisent chaque jour pour satisfaire à nos instincts les plus nobles, les plus désintéressés, comme à nos besoins ou à nos jeux et nos caprices. L'histoire nous montre qu'il n'est pas donné à l'homme d'atteindre à la fois à tous les points extrêmes de son horizon. Mais en subissant cette loi, jusqu'ici absolue, l'Européen moderne peut sans orgueil regarder comme bien belle la part qui lui a été faite dans l'œuvre successive des générations; il a le droit d'être fier de la façon dont il remplit sa tâche. » *Rapport sur les progrès de l'Anthropologie*, par M. de Quatrefages, membre de l'Institut, professeur au Muséum, publication faite sous les auspices du Ministre de l'Instruction publique; in-4°, p. 486-487; Paris, 1867, imprimerie impériale.

multipliait les créations et portait l'art à ses extrêmes limites. Grand sujet de réflexion ! La Grèce militaire fut, par excellence, le pays des chefs-d'œuvre. Ceux qui mirent le plus de passion à cultiver le corps, à hanter les gymnases, à pratiquer la guerre elle-même sur de nombreux champs de bataille, furent ceux qui du même coup donnèrent l'éveil aux belles créations de la pensée, aux grands chefs-d'œuvre de l'art et de l'esprit. Doit-on voir ici un pur hasard ? ou n'est-ce pas plutôt l'effet sortant de la cause ? Voilà, du moins, une coïncidence bien frappante [1] ; et nous avons vu que le même phénomène se retrouve dans l'histoire de tous les grands peuples.

Plus on approfondit l'histoire de la Grèce en particulier, plus on constate que l'application native des Grecs aux choses de la guerre, au lieu d'éteindre chez eux le goût des études, ne servait qu'à l'exciter et le favoriser. S'il fallait rapporter tous les exemples dont cette héroïque histoire fourmille à chacune de ses pages, on n'en finirait pas. Il nous suffira donc ici de rappeler seulement l'exemple d'Épaminondas, celui d'Alexandre et celui de Philopémen ; ces trois exemples principaux nous tiendront lieu de tous les autres.

Au rapport de Cornélius Népos, Épaminondas apprit dans son enfance : la *harpe* et le *chant,* sous Denis, maître consommé dans cet art; la *flûte,* sous Olympiodore, et la *danse,* sous Calliphron. Plus avancé en âge, et néanmoins tout jeune encore, il étudia la *philosophie ;* son maître dans cette branche fut un pythagoricien, le célèbre Lysis de Tarente. Enfin, parvenu à l'âge de puberté, il se livra aux *exercices de la gymnastique.* Cornélius Népos fait sur ce point cette réflexion : « Il se livra aux exercices gymnastiques, moins pour augmenter la *force du corps* que pour acquérir l'*agilité.*

---

[1] Déjà Diodore de Sicile, dans la préface du livre XII de ses *Histoires,* paraît frappé de cette coïncidence entre l'époque des guerres et la période de gloire éclatante où le génie des arts et des sciences atteignit à son apogée dans la Grèce, mais surtout dans Athènes.

L'une lui paraissait la qualité d'un athlète, l'autre celle d'un guerrier. Il s'exerçait à la *course*, à la *lutte*; il s'appliquait aussi beaucoup au *maniement des armes* [1]. » Pélopidas prenait encore plus de plaisir qu'Épaminondas aux exercices du corps [2]. On sait quelle fut la gloire en tout genre de ces deux citoyens.

L'éducation d'Alexandre-le-Grand fut toute pareille à celle d'Epaminondas et de Pélopidas. Il apprit aussi : la *musique*, dans sa première enfance, la *philosophie* à un âge plus avancé, et finalement l'*exercice militaire*. Élève d'Aristote, il apprit de ce savant maître : la *médecine*, la *littérature homérique*, et toute la *philosophie péripatéticienne*, dont les œuvres d'Aristote font juger la portée immense [3]. Alexandre fut donc admirablement préparé à son rôle de conquérant par cette éducation savante. Comme Salomon, Sésostris et Cyrus, Alexandre fut élevé en commun avec plusieurs jeunes princes, dont il fit ensuite ses généraux et ses ministres. Ces compagnons d'enfance du héros grec, qui avaient été *nourris avec lui dès leur jeunesse* et instruits conjointement avec lui sous les mêmes précepteurs, furent : Perdiccas, Antipater, Lysimaque, Ptolémée, Séleucus, Antigone, Clitus, Ephestion, Cœnus, Cratère, Philotas, Hécatée d'Abdère, Anaxarque, et probablement quelques autres [4]. Aristote fit parcourir à ces nobles compagnons du prince le cercle entier des connaissances humaines ; et c'est pourquoi tous ensuite devinrent, comme Alexandre lui-même, de si grands généraux. Le contre-coup de la puissance militaire d'Alexandre ne tarda pas d'éclater par un grand mouvement littéraire, dont le foyer principal fut Alexandrie. Déjà nous avons vu

[1] Cornélius Népos, *Epaminondas*, ch. I et II.
[2] Rollin, *Histoire ancienne*, l. XII, ch. I, sect. 2.
[3] Plutarque, *Alexandre*, ch. III-VIII.
[4] I Machabées, I, 6-10 ; Rohrbacher, *Histoire universelle de l'Église catholique*, t. III, p. 369, 382 ; Feller, *Biographie universelle*, aux articles spéciaux des divers personnages mentionnés.

qu'Alexandre, digne élève d'Aristote, fut un prodige de science ; et l'on peut dire qu'en lui le savant marchait de pair avec le conquérant. Ses généraux avaient participé à sa brillante éducation, conduite par les plus habiles maîtres ; et l'on n'est pas surpris de voir qu'ils avaient, comme lui, une haute capacité intellectuelle en rapport avec leur degré de mérite dans l'ordre militaire. Ptolémée fut, entre tous, le plus intelligent et le plus généreux. Il fit pour l'avancement des études tous les efforts et tous les sacrifices que lui permit sa position. La *Bibliothèque d'Alexandrie*, cette création si utile et si dispendieuse même pour un monarque, lui dut son existence [1]. Il l'établit en deux quartiers distincts : le *Bruchion*, contenant quatre cent mille volumes, et le *Sérapéon*, qui lui-même en avait trois cent mille. Cette vaste collection d'ouvrages était une mine d'instruction considérable pour l'époque. Même aujourd'hui, les plus riches bibliothèques du monde n'ont pas, du moins que nous sachions, des proportions plus grandes. [2] On sait que cette riche bibliothèque de Ptolémée n'est pas arrivée jusqu'à nous, et que malheureusement, à l'époque des conquêtes d'Omar, elle fut tout entière consumée dans les flammes. Cette destruction, à jamais regrettable, est pour la science humaine une perte irréparable.

Philopémen reçut, encore en son temps, l'éducation militaire adoptée chez les Grecs. Il apprit, sans compter la musique et la philosophie, qui avaient formé le commencement de ses études, le *maniement des armes, l'équitation, l'exercice du javelot*. Le livre des *Tactiques*, par Evangélus, était sa lecture favorite. Il éprouvait de l'éloignement pour

---

[1] Rollin, *Histoire ancienne*, l. XVII, art. I, sect. 5 ; Rohrbacher, *Histoire universelle de l'Église catholique*, t. III, p. 375.

[2] Voir, dans l'*Encyclopédie catholique*, t. III, article *Bibliothèques anciennes et modernes*, par MM. Petit-Radel, Ebert, Paulin Pâris et Charles Durozoir, un catalogue très-intéressant du nombre de livres que contenaient, en 1857, les principales bibliothèques de l'Europe.

l'*exercice des athlètes,* qui, paraît-il, *provoquait l'embonpoint.*
C'est la remarque déjà faite par Épaminondas. On sait,
d'ailleurs, que Philopémen avait pris Épaminondas en tout
pour son modèle. A son exemple, il avait reçu, au sortir de
l'enfance, des leçons de philosophie ; et il avait eu pour
maîtres les deux philosophes Ecdémus et Démophane, qui
enseignaient les principes de la *Nouvelle Académie,* c'est-à-
dire les principes du philosophe Arcésilas. Philopémen fut
appelé le *dernier des Grecs,* c'est-à-dire le dernier des
grands hommes qui, pendant une si longue suite de siècles,
honorèrent cette nation.

Rollin, notre historien classique, s'est complu à faire dans
tous ses détails le portrait de cet homme vertueux. En voici
quelques passages qu'on peut lire avec profit non moins
qu'avec plaisir : « Philopémen, dès son enfance, n'aimait
que les gens de guerre ; et il ne s'appliquait volontiers
qu'aux exercices qui pouvaient le rendre propre à cette
profession : à combattre armé, à monter à cheval, à lancer
le javelot. Et comme il paraissait très-bien constitué et très-
bien formé pour la lutte, et que quelques amis particuliers
l'exhortaient à s'y appliquer, il leur demanda si cet exercice
des athlètes était propre à faire un bon soldat. Ils ne purent
s'empêcher de lui répondre que la vie des athlètes, obligés
de garder un régime fixe et réglé, de prendre de certaines
nourritures, et toujours aux mêmes heures, et de donner un
certain temps au sommeil pour conserver leur embonpoint,
qui faisait la plus grande partie de leur mérite ; que cette
vie, dis-je, était toute différente de celle des gens de guerre,
qui sont souvent dans la nécessité de supporter la faim et la
soif, le froid et le chaud, et qui n'ont point toujours des
heures marquées ni pour la nourriture ni pour le repos.
Depuis cette réponse, il eut un souverain mépris pour les
exercices athlétiques, ne les jugeant d'aucune utilité pour le
bien public et pour l'État, et les trouvant dès lors peu dignes
d'un homme qui a quelque élévation, quelques talents et-

quelque amour pour sa patrie. Dès qu'il fut sorti des mains de ses gouverneurs et de ses maîtres, il se mit dans les troupes que la ville de Mégalopolis envoyait faire des courses dans la Laconie, pour piller et pour en emmener des troupeaux et des esclaves. Et dans toutes ces courses, il était toujours le premier quand on sortait, et le dernier quand on revenait. Quand il n'y avait point de troupes en campagne, il occupait son loisir à se rendre robuste et léger par les exercices de la chasse ; ou bien il s'appliquait à cultiver la terre, car il avait un bel héritage à une lieue de la ville, où il allait tous les jours après son dîner ou après son souper. Le soir, il se jetait sur une méchante paillasse comme l'un de ses esclaves, et passait ainsi la nuit. Le lendemain, à la pointe du jour, il allait avec ses vignerons travailler à la vigne, ou mener la charrue avec ses laboureurs ; après quoi il s'en retournait à la ville, où il vaquait aux affaires publiques avec ses amis et les magistrats. Tout ce qu'il gagnait à la guerre, il le dépensait en chevaux et en armes, ou bien il l'employait à payer la rançon de ceux de ses citoyens qui avaient été faits prisonniers. Il tâchait d'augmenter son revenu en mettant ses terres en valeur, qui est le plus juste de tous les gains ; et il ne se contentait pas de s'y arrêter en passant et pour son seul plaisir, mais il y donnait tous ses soins [1]. » On voit ici un nouvel exemple de cette alliance naturelle qui existe entre l'art militaire, l'agriculture et l'éducation religieuse ou intellectuelle.

« Je prie le lecteur, ajoute Rollin, pour juger sainement de ce que je dis ici de Philopémen, de vouloir se transporter d'esprit dans les siècles dont je parle, et de se souvenir de l'estime et de l'usage que toutes les nations policées, les Hébreux, les Perses, les Grecs, les Romains, faisaient de la culture des terres et du travail des mains. Tout le monde sait que ces derniers, je veux dire les Romains, après avoir

---

[1] *Histoire ancienne*, l. XVII, sect. 5.

remporté de célèbres victoires et être descendus du char de triomphe couronnés de lauriers et de gloire, retournaient aussitôt à leurs métairies, d'où on les avait tirés pour les mettre à la tête des armées, et allaient conduire la charrue et les bœufs avec ces mêmes mains qui venaient de vaincre et de défaire les ennemis. Nos mœurs, nos usages ne trouvent rien que de vil et de méprisable dans un pareil exercice ; mais c'est un malheur pour nous. Le luxe, en corrompant nos mœurs, a perverti notre jugement. Il nous fait regarder comme grand et estimable ce qui n'est digne que de mépris ; il attache, au contraire, une idée de mépris et de bassesse à ce qui a une véritable grandeur et une solide beauté [1]. » Voilà certainement les réflexions d'un homme de sens, et le bon Rollin ne pouvait mieux parler.

Ce n'était point seulement la science proprement dite que chérissaient et cultivaient les Grecs, comme nous l'avons fait voir précédemment. Ils étaient avant tout de grands amateurs d'éloquence, et ils en avaient des écoles aussi savantes que recherchées. Celle d'Isocrate et celle d'Isée furent les plus considérables. Ces deux rhéteurs brillaient dans la célèbre ville d'Athènes, à l'époque la plus glorieuse du siècle illustre de Périclès. Isocrate était un homme *très-doux*, mais en même temps *fort cher* pour le prix qu'il exigeait de ses leçons [2] ; son école fut la plus renommée. Isée, de son côté, était un homme *rude et austère*, mais *moins avare* pour le gain que son compétiteur ; il eut Démosthènes pour élève [3].

---

[1] *Histoire ancienne*, loc. cit.

[2] Le tarif des leçons d'Isée était de *dix mines* attiques. D'après Rollin, *Traité des Études*, t. II, livre IV, art. 2, c'était une somme de *cinq cents livres*, c'est-à-dire *cinq cents francs*. D'après M. Saigey, *Traité de Métrologie ancienne et moderne*, il faut compter soixante-neuf francs pour la valeur d'une mine attique ; ce qui élèverait la somme précédente à six cent quatre-vingt-dix francs, c'est-à-dire à environ *sept cents francs*.

[3] Rollin, *Histoire ancienne*, l. XIII, sect. 6.

Il n'y avait pas jusqu'à l'art théâtral qui ne fût en haute estime et en grand honneur chez les Grecs. Satyrus et Néoptolème jouissaient d'une réputation sans pareille dans cet art dramatique, où ils tenaient le premier rang. Démosthènes acquit la perfection de son beau talent d'orateur en prenant des leçons de parole et de geste auprès du comédien Néoptolème ; et il les paya *dix mille drachmes,* ce qui peut faire dans notre monnaie d'aujourd'hui au moins *cinq mille francs,* pour ne pas dire *dix mille* [1]. Un pareil chiffre porte avec lui son enseignement et fait bien connaître les Grecs.

L'architecture grecque prit un caractère différent de celle des autres peuples. Son style particulier comprend trois ordres : le *dorique,* l'*ionique* et le *corinthien,* distingués chacun par des nuances qu'il est superflu d'indiquer. Ses grands maîtres furent : Phidias, Ictinus, Callicrates, et plusieurs autres moins célèbres. Ses monuments s'élevaient partout dans la Grèce proprement dite, ainsi que dans l'Asie mineure et les colonies grecques. Mais la ville d'Athènes, plus que les autres, en était parsemée [2]. Le plus remarquable

[1] Rollin admet le chiffre de *cinq mille francs.* Mais Letronne, dont l'autorité est supérieure en de telles matières, estime les dix milles drachmes à *neuf mille cent soixante-six francs.*

[2] Rollin a montré, au sujet des monuments d'Athènes, jusqu'où s'étendait la portée de sa sévérité janséniste. « On vante beaucoup, dit il, les ouvrages magnifiques dont Périclès embellit Athènes ; mais je ne sais si c'est à juste titre. Était-il donc raisonnable d'employer en bâtiments superflus et en vaines décorations des sommes immenses (elles montaient à plus de dix millions), et qui étaient destinées pour le fonds de la guerre ? N'aurait-il pas mieux valu soulager les alliés d'une partie des contributions, qui, sous le gouvernement de Périclès, furent portées à près d'un tiers de plus qu'elles n'étaient auparavant ? Cimon s'appliqua aussi à orner la ville. Mais, outre que l'argent qu'il y employa faisait partie du butin qu'il avait pris sur les ennemis, et n'était point le plus pur sang et la substance des peuples, la dépense fut très-médiocre ; et il ne s'attacha qu'à des ouvrages, ou absolument nécessaires, comme étaient le port, les murailles et les fortifications de la ville ; ou d'une grande commodité pour les citoyens, tels qu'étaient les galeries et les prome-

était le magnifique *Parthénon*, ou temple de Minerve, élevé en marbre blanc par Phidias. Il avait 72 mètres en longueur, 33 en largeur, et 22 en hauteur; et ses ruines imposantes paraissent encore celles d'un chef-d'œuvre inimitable. Il renfermait la statue de Minerve, taillée en ivoire par Phidias, et haute de plus de 15 mètres. L'or qu'on y avait fait entrer pour les dorures pesait 2,250 livres; ce qui représente une somme d'environ 3,260,000 francs, d'après l'estimation du savant helléniste Barthélemy. Les *Propylées* servaient d'entrée au Parthénon. L'aile droite des Propylées avait coûté à Périclès 2,012 talents, ou 11,468,400 de nos francs; c'était un temple de la Victoire, où le combat des Athéniens contre les Amazones est encore aujourd'hui représenté en bas-relief sur quelques fragments de sculpture. Le Parthénon lui-même a conservé son frontispice, où était représenté le combat de Neptune et de Minerve pour la ville d'Athènes, et où l'on voit encore la tête d'un cheval marin, les corps sans tête de deux femmes, et le combat des Centaures contre les Lapithes. Les autres monuments d'Athènes étaient : l'*Erecthéum*, ou temple de Neptune, où sont conservées de belles Cariatides en marbre blanc; le *théâtre de Bacchus*, l'*Odéon*, sur le devant de l'Acropolis; le *Pécile*; le *Temple de Thésée*; le *Prytanée*; le *Pnyx*; le *Céramique*; le *Cynosarge*; l'*Acropolis*; les trois ports, savoir : le *Pirée*, *Munychie* et *Phalère*; le *Temple de Jupiter olympien*, entouré au dehors de 120 colonnes cannelées de 60 pieds de haut sur 6 de diamètre; et le *Panthéon*, ou temple de

nades publiques, les grandes places de la ville, les lieux d'exercice, comme l'Académie, séjour ordinaire des beaux esprits et retraite célèbre des philosophes. Ce fut particulièrement cet endroit qu'il s'appliqua à rendre plus commode et plus agréable; et par cette légère dépense il donna occasion à ces entretiens savants, véritablement dignes d'hommes libres, et qui ont fait tant d'honneur à la ville d'Athènes dans tous les siècles. » Voir le *Traité des Études*, livre V, IIIe partie, ch. II, art. I, *De la grandeur et de l'empire d'Athènes*.

tous les dieux, dont il y a aujourd'hui une double copie à Rome et à Paris [1].

La sculpture grecque eut pour représentants : Phidias, Polyclète, Myron, Lysippe, Praxitèle, Scopas et beaucoup d'autres statuaires renommés. On assigne quatre styles différents à la sculpture grecque, savoir : le style *ancien*, le *grand* style, le style *gracieux* et le style d'*imitation*. Le style ancien péchait par une forme grossière et par le manque des proportions. C'est dans ce genre qu'étaient faits les *Hermès*, pierres rondes et grossièrement façonnées, représentant Mercure et d'autres dieux. Dédale de Sicyone dégrossit un peu ces premières ébauches à l'aide de quelques incisions faites sur la pierre ou le bois, pour séparer les jambes, les bras et les mains des statues. Le grand style fut introduit par Phidias, qui sculpta l'argent, l'ivoire et l'or avec un ciseau hardi, étonnant de grandeur, mais dépourvu de grâce. Praxitèle et Lysippe furent les vrais maîtres du style gracieux. Enfin, le style d'imitation fut pratiqué par la foule des artistes qui, dans la suite, se modelèrent sur les grands maîtres [2].

La peinture grecque fut plus célèbre encore que la sculpture. Cléopanthe de Corinthe, contemporain d'Homère, fut le premier des peintres grecs qui sut acquérir de la réputation. Pour colorier les traits du visage, il n'employait

[1] Barthélemy, *Voyage d'Anacharsis*, ch. XII; Godeau, *Histoire de tous les peuples*, t. I, p. 215-225; *Magasin pittoresque*, année 1833, p. 27-28. Voir aussi dans le *Magasin pittoresque*, année 1833, p. 121-122, la descrip'ion des ruines de Pœstum, ancienne ville fondée à vingt-deux lieues de Naples par une colonie grecque, et notamment la gravure représentant le temple de Neptune.

[2] Godeau, *Histoire de tous les peuples*, t. I, p. 237-239; Barthélemy, *Voyage d'Anacharsis*, introduction, IIe partie, sect. 3. Voir dans le *Magasin pittoresque*, année 1833, p. 169, une gravure représentant l'Apollon du Belvédère, c'est-à-dire un des échantillons les plus célèbres de la sculpture grecque. Le modèle de cette statue se trouve aujourd'hui dans tous les musées, comme aussi celui du Laocoon, représenté en gravure, p. 73 du *Magasin pittoresque*, année 1833.

qu'une seule couleur, formée seulement de terre cuite ou
broyée ; sa peinture était donc encore bien grossière.
Mais déjà les artistes de Sicyone et de Corinthe firent
de la peinture un art véritable, vers l'époque de la première olympiade. Timagoras de Chalcis fit encore faire à la
peinture des progrès nouveaux, et fut proclamé vainqueur
dans un concours à Delphes. Panéas d'Athènes s'illustra
par son tableau de la bataille de Marathon, dans lequel les
principaux chefs des deux armées étaient représentés de
grandeur naturelle et d'une ressemblance parfaite. Polignote
de Thasos fut le premier qui, dans ses tableaux de la prise
de Troie et de la descente d'Ulysse aux enfers, employa les
couleurs avec leurs mélanges, varia les mouvements du
visage, peignit avec grâce les figures de femmes, et les
revêtit de robes brillantes et légères. Lui et Micon se servirent de l'ocre jaune et peignirent à fresque le fameux
Portique d'Athènes, où le philosophe Zénon établit son
école. Apollodore d'Athènes se fit remarquer par la cor-
rection du dessin, l'intelligence du coloris et la distribution
savante des ombres, des lumières et du clair-obscur. Bientôt,
Zeuxis d'Héraclée, son disciple, surpassa ce grand maître
par le soin qu'il mit dans ses ouvrages et par une étude
plus approfondie de la nature ; on cite de lui un tableau
représentant l'*Amour* couronné de roses, et sa superbe
Hélène. Après Zeuxis vinrent successivement les fameux
peintres : Parrhasius, qui fut appelé le *législateur de la
peinture*, mais qui prostitua son pinceau et le déshonora
par des représentations d'objets infâmes ; Eupompe de
Sicyone, qui fut le chef d'une école renommée ; Pamphyle
de Macédoine, qui le premier joignit l'érudition à l'art de
la peinture ; enfin le grand Apelle, natif de Cos, dont le
pinceau libre et pur, à la fois noble et doux, touchait le
cœur, réveillait l'esprit, charmait les regards, et marquait
tous ses tableaux d'une teinte particulière de mélancolie
d'où résultait la plus vive expression. Apelle eut pour rivaux

trois de ses contemporains, savoir : Pausias, Protogène de Caune, et Aristide de Thèbes. Aristide excella dans les passions fortes et véhémentes ; mais son coloris avait quelque chose de dur et d'austère. Pausias, auteur de la peinture appelée caustique, en décora le premier les voûtes et les lambris ; il s'appliqua aussi le premier à peindre les fleurs, pour plaire à Glycère de Sicyone, célèbre courtisane qu'on regardait comme l'inventrice des couronnes dont se paraient les convives dans les festins. Protogène est surtout connu par son fameux tableau du *Chasseur Ialyse,* et par sa modestie qui lui fit refuser de peindre les batailles d'Alexandre, dans la persuasion qu'un pareil sujet était trop au-dessus de ses forces. Le dernier peintre que l'histoire cite comme ayant avancé l'art, fut Nicias d'Athènes, qui le premier employa la céruse brûlée. Il paraît qu'après Apelle la peinture s'arrêta chez les Grecs au point où ce grand maître l'avait portée. Aussi a-t-il mérité d'être appelé *le Raphaël des anciens* [1].

Quant à la musique, Pythagore lui donna le premier des règles certaines. Ce philosophe, prêtant un jour une oreille attentive aux sons que rendaient les divers marteaux d'un forgeron, trouva que ces marteaux s'échelonnaient par intervalle de quarte, de quinte et d'octave ; et il découvrit que la différence du poids des marteaux produisait la différence des sons. Frappé de cette idée, il tendit des cordes de longueurs inégales à un même poids, et en tira des sons divers. Il expliqua ainsi toute la théorie de la musique instrumentale. Les instruments les plus employés chez les Grecs étaient : *le chalumeau, la flûte, la lyre et le luth.* Tous ces instruments, ne pouvant guère rendre que la musique douce, annonçaient un goût délicat. Le chalumeau devait se borner à l'exécution d'une musique rustique et à peu près

---

[1] Godeau, *Histoire de tous les peuples,* t. I, p. 245-251 ; Barthélemy, *Voyage d'Anacharsis,* Introduction, 2º partie, sect. 3.

sans art. La flûte était à 7 tuyaux, la lyre à 7 cordes, et le luth à 7 cordes plus grandes, pour obtenir des sons plus graves. On voit que ces trois nobles instruments pouvaient donner chacun la gamme entière et jouer des airs d'un caractère déjà plus approchant de la musique moderne. On attribuait l'invention de la flûte à Pan, celle du luth à Amphion, à Apollon, ou à Euterpe; celle de la lyre à Mercure, à Orphée, à Amphion, à Apollon, ou même à Hercule. Anaxénor, Amphion, Damon, Lamprus et Denys furent cinq fameux joueurs de luth. Olympiodore et Isménias furent deux fameux joueurs de flûte. Terpandre de Lesbos fut aussi un fameux joueur de lyre. On distinguait dans la musique grecque trois modes principaux : le *dorien,* qui était le plus grave; le *phrygien,* déjà plus léger; et le *lydien,* d'une mollesse qui le faisait exclure par les plus fameux philosophes. Aristoxène, disciple d'Aristote, se fit une haute réputation dans toute la Grèce par sa science de la musique, dont le peuple grec fut amateur par excellence [1].

Quant à la littérature grecque, elle est d'une richesse incomparable. Nous ne pouvons guère que citer les noms des principaux auteurs qui ont contribué, soit en vers ou en prose, à lui donner du lustre. Homère, Hésiode, Antimaque, Panyasis, Pindare, Simonide, Stésichore, Alcée, Eschyle, Sophocle, Euripide, Hérodote, Thucydide, Philiste, Xénophon, Théopompe, Platon, Aristote, Pythagore, Lysias, Isocrate, Lycurgue, Démosthènes, Eschine, Hypéride, Longin, Denys d'Halicarnasse, Démétrius, Rufus, Lucien, Théocrite, Moschus, Musée, Apollonius, Coluthus, Solon, Mimnerme, Simonide, Théognis, Phocylide, Aratus, Oppien, Cléanthe, Callimaque, Proclus, Arion, Sapho, Erinne, Anacréon, Callistrate, Bacchylide, Ariphron, Denys, Aristophane, Ménandre, Philémon,

[1] Godeau, *Histoire de tous les peuples,* t. I, p. 257-265 ; *Encyclopédie catholique,* t. XIV, p. 756-757, à l'article *Musique* par le savant A. Cerfbeer de Medelsheim.

Bion, Méléagre, Théophraste, Polybe, Arrien, Appien, Dion Cassius, Diogène Laërce, Plutarque, Polyen, Hérodien, Polus, Archiloque, Tisias, Hippocrate, etc., tels sont les plus connus parmi ces auteurs innombrables [1]. L'abbé d'Andrezell, dans son excellent recueil intitulé : *Excerpta græca* [2], les fait connaître à peu près tous par de très-courts fragments. Mais s'il fallait les rassembler tous *in extenso*, c'est-à-dire en faisant figurer sous le nom de chacun d'eux la collection de ses œuvres complètes, il en résulterait une bibliothèque si nombreuse « que le monde entier, comme dit l'apôtre saint Jean, pourrait bien lui-même ne plus suffire à la loger [3]. »

Napoléon Ier a porté sur Alexandre-le-Grand ce jugement très-remarquable : « Parvenu au zénith de la gloire, la tête lui tourne et le cœur se gâte ; après avoir commencé avec l'âme de Trajan, il finit avec les mœurs de Néron et le cœur

[1] Voir les innombrables collections générales et partielles des *Classiques grecs*. Voir aussi la plupart des *Traités de littérature*, en particulier les *Histoires de la littérature grecque* par Lefranc, l'abbé Drioux, l'abbé Henry, Pierron, Schlégel, Gérusez, Villemain, Patin, Egger, Nisard et Dezobry.

[2] Il existe une excellente traduction française de ce *Recueil*, faite par M. Hautôme. Les personnes peu familières avec le grec pourront très-utilement la consulter pour se faire une idée de la valeur et du génie des auteurs grecs les plus fameux.

[3] Jean, XXI, 25. Les anciens écrivaient beaucoup, à en juger par l'Hermès des Égyptiens, qui à lui seul écrivit, dit-on, jusqu'à 20,000 volumes, et peut-être même 36,525 volumes, à ce que prétend Jamblique. Les bouddhistes n'étaient pas moins féconds. Il pouvait donc y avoir anciennement des bibliothèques immenses, auprès desquelles nos collections les plus célèbres feraient encore pauvre figure. En effet, voici quel était en 1837 l'état des principales bibliothèques de France :

PARIS

Richelieu	800,000 vol.	École Polytechnique	24,000 vol.
Mazarine	90	Faculté de Médecine	25
Arsenal	175	Collége Louis-le-Grand	30
Sainte-Geneviève	160	Cour de Cassation	30
Institut	90	Corps Législatif	30
Hôtel de ville	45	Muséum	8

d'Héliogabale. » On peut appliquer à la Grèce entière ce jugement du grand Napoléon sur le grand Alexandre ; car il n'y a qu'une seule et même règle, une seule et même loi de vie ou de mort, pour les grands empires et les simples particuliers [1]. Nous avons vu combien les populations de la Grèce étaient guerrières dans le principe. Leur esprit militaire les rendait pures, laborieuses, industrieuses, et fit fleurir chez eux la plus belle des civilisations. Les arts et les sciences, les bonnes mœurs et les goûts rustiques sont les accompagnements naturels du génie guerrier [2]. « Les popu-

DÉPARTEMENTS

Aix. . . .	80,000 vol.	Chaumont.	24,000 vol.	Nantes . .	22,000 vol.
Amiens. .	40	Colmar . .	50	Nîmes. . .	50
Angers. . .	22	Dijon . . .	41	Orléans. .	25
Arras. . .	22	Douai. . .	27	Reims. . .	24
Auxerre. .	14	Grenoble .	42	Rouen. . .	25
Avignon. .	26,500	La Flèche.	22	Saintes . .	24
Besançon .	55	Le Mans .	41	Strasbourg	50
Bordeaux .	110	Lyon . . .	140	Toulouse .	50
Caen . . .	40	Marseille .	90	Tours. . .	30
Cambrai. .	27	Metz . . .	51	Troyes . .	50
Carpentras	19	Mézières .	21	Versailles.	40
Chartres .	28,500	Nancy. . .	23		

Aujourd'hui ces chiffres ne sont plus exacts. La bibliothèque de Nancy, par exemple, a élevé le nombre de ses volumes à 50,000. La bibliothèque de Metz a porté le sien à 55,000. Strasbourg n'a pas moins de 100,000 volumes ; et Rouen même en compte 125,000. Toutes nos bibliothèques de province ont suivi plus ou moins la même progression. Malgré cette extension croissante de nos bibliothèques françaises, que sont-elles, pour la plupart, en comparaison de la colossale bibliothèque d'Alexandrie et des autres bibliothèques fameuses de l'Égypte, de l'Assyrie, de l'Inde et de la Grèce?

[1] C'est la loi qui est ainsi formulée dans le livre de Job, VII, 1 : *Militia est vita hominis super terram.*

[2] On ne saurait trop insister sur l'alliance naturelle de l'art militaire avec la religion et l'agriculture, en observant qu'elle est l'œuvre mystérieuse de la Providence et qu'elle a toujours été le véhicule de la civilisation chez les grands peuples. En effet :

1º La civilisation des Hébreux doit son origine à des *chefs guerriers :* Moïse, Josué, David, Salomon, Josaphat et Judas Machabée.

2º La civilisation des Égyptiens est due à des *rois guerriers :* Ménès,

lations de la Grèce, dit Godeau, étaient travailleuses. Il s'en faut beaucoup que cette contrée égalât en fertilité le sol de la France ; et cependant elle devait suffire aux besoins de ses habitants, qui étaient au moins de 1,500 à 2,000 par lieue carrée, et de 10 à 12 millions en totalité. Ils n'avaient point encore ce précieux auxiliaire contre la famine, la pomme de terre, le plus riche présent du nouveau monde. Le blé, la chair des animaux, le poisson et le laitage formaient donc à peu près la seule nourriture des Grecs. Il fallait tirer tout cela d'un sol aride et pierreux ; car les Athéniens étaient presque le seul peuple grec qui pût échanger ses olives, son miel, le produit de ses mines et de son industrie contre les grains de la Sicile, de l'Egypte, ou de la Cyrénaïque en Afrique. Aussi l'agriculture était-elle en honneur chez les Grecs, qui lui donnaient une origine divine, et qui n'y employaient guère que des chevaux ; car les bœufs, trop rares dans leur pays, étaient en grande partie réservés pour être sacrifiés aux dieux. Et cependant cette population, qui remplissait plus de 30 villes du premier ordre et une infinité d'autres petites, ainsi que les bourgades et les campagnes, vivait sans éprouver de famine dans une étendue qui n'était guère que le septième de la France,

Chéops ou Khoufou, Pépi-Mérira, Nitocris, Osortasen, Thoutmès Ier, Hatasou, Thoutmès III, Aménophis ou Amenhotep III, Séti Ier, Rhamsès II ou Sésostris, Rhamsès III, Sabacon, Psammétique, Néchao, Amasis.

3° La civilisation des Assyriens vient aussi d'une suite de *rois guerriers :* Ourcham, Ilgi, Hammourabi, Ninippalassar, Assournasirpal, Salmanasar V, Houlikhous III et Sammouramit, Sargin, Sennachérib, Assourbanipal, Nabopolassar et Nitocris, Nabuchodonosor.

4° La civilisation des Grecs et des Romains a fleuri pareillement sous la protection des guerriers.

5° En Italie, en France, en Angleterre, en Allemagne, en Espagne, et partout ailleurs, c'est l'esprit militaire qui a introduit et implanté la civilisation. Clovis, Charlemagne, saint Louis, François Ier, Henri IV, Louis XIV, Napoléon Ier ont marqué les époques fondamentales de notre histoire, et tous ces grands princes furent d'illustres guerriers.

Voilà des faits certains et contre lesquels aucune objection n'est possible. C'est un problème qui donne à réfléchir.

et envoyait des colonies porter, transplanter ses arts, ses connaissances et son industrie dans presque toutes les parties de l'ancien monde. Non seulement le sol lui fournissait ses aliments, mais encore les vêtements et les objets qui accroissaient pour elle les jouissances de la vie [1]. » A la longue, toutes ces vertus des Grecs vinrent s'éteindre dans la mollesse, qui avait perdu déjà auparavant les Egyptiens et les Babyloniens. Il s'éleva à ce moment un *nouveau peuple,* sage, religieux, guerrier, agriculteur, ayant toutes les vertus qui font les grands empires et qui les font durables. C'étaient les Romains, qui héritèrent de la puissance des Grecs, par les mêmes raisons qui avaient rendu anciennement les Grecs primitifs héritiers de l'empire et de la gloire des Perses. Dieu, qui donne à son gré les empires, en fait la récompense ordinaire d'un esprit guerrier, qui naît toujours de la religion et de l'agriculture, comme toutes les histoires nous permettent de le constater. « Dans les états où la religion est toute-puissante, dit Machiavel, on peut facilement introduire l'esprit militaire [2]. » Mais la chute de la religion entraîne celle de l'esprit guerrier, prépare à la mollesse un règne désastreux, éteint le flambeau des arts et des sciences, et réduit les plus beaux empires à n'être plus que des ruines stériles et mornes : témoignage trop fréquent, mais toujours bien éloquent, de la fragilité des choses humaines. *Et nunc, reges, intelligite : erudimini, qui judicatis terram* [3].

---

[1] *Histoire de tous les peuples,* t. I, p. 644—646.

[2] *Discours sur Tite-Live,* l. I, ch. XI. Nous avons nous-mêmes établi précédemment que « l'art militaire eut son berceau chez les Hébreux, c'est-à-dire chez le peuple de Dieu. » Voir nos *Recherches historiques sur l'esprit militaire et l'éducation nationale des Hébreux.*

[3] Psaumes, II, 10. En lisant cette conclusion, qui est un avertissement du Roi-Prophète, le lecteur se reportera de lui-même au développement profond que lui donne Bossuet, premièrement dans l'*Oraison funèbre de la Reine d'Angleterre,* prononcée en 1669, et surtout dans le *Discours sur l'histoire universelle,* qui est comme un résumé et comme la perle de ses écrits, tous aussi solides par la science qu'ils sont brillants par l'éloquence.

CHAPITRE IV

DE L'ESPRIT MILITAIRE ET DE L'ÉDUCATION NATIONALE
DES ROMAINS

Chez les Romains, les fondements de la civilisation, et par conséquent ceux de l'éducation, furent aussi les mêmes que chez les autres peuples. L'*art de la guerre*, l'*agriculture*, les *écoles*[1], voilà trois choses qui apparaissent constamment réunies dans toute la suite, d'ailleurs fort longue, de leur intéressante histoire. « *Durant les bons temps* de Rome, dit Bossuet, l'*enfance même était exercée par les travaux*[2] : on n'y entendait parler d'autre chose que de la grandeur du nom romain. Il fallait aller à la guerre quand la république l'ordonnait ; et là, travailler sans cesse, camper hiver et été, obéir sans résistance, mourir ou vaincre. Les pères qui n'élevaient pas leurs enfants dans ces maximes, et comme il fallait pour les rendre capables de servir l'état, étaient

---

[1] Pline, *Hist. nat.*, l. XXXIV, ch. 14, dit que « Porsenna ne laissa aux Romains l'usage du fer que pour l'*agriculture* ; il leur interdit jusqu'au *style pour écrire*, et *les armes* principalement. » Voilà une mention formelle de l'esprit guerrier, de l'agriculture et de l'instruction chez les Romains de cette époque.

[2] *Discours sur l'histoire universelle*, 3e partie, ch. VI.

appelés en justice par les magistrats et jugés coupables d'un attentat envers le public. Quand on a commencé à prendre ce train, les grands hommes se font les uns les autres. C'est sans doute les grands hommes qui font la force d'un empire. La nature ne manque pas de faire naître dans tous les pays des esprits et des courages élevés, mais il faut lui aider à les former. Ce qui les forme, ce qui les achève, ce sont des sentiments forts et de nobles impressions qui se répandent dans tous les esprits, et passent insensiblement de l'un à l'autre. Qu'est-ce qui rend notre noblesse si fière dans les combats et si hardie dans les entreprises? C'est l'opinion reçue dès l'enfance, et établie par le sentiment unanime de la nation, qu'un gentilhomme sans cœur se dégrade lui-même, et n'est plus digne de voir le jour. Tous les Romains étaient nourris dans ces sentiments, et le peuple disputait avec la noblesse à qui agirait le plus par ces rigoureuses maximes. » Nous allons donc montrer, dans le détail de l'histoire romaine, la véritable école des grands hommes. Peut-être nos études sur un point d'une aussi majeure importance répondront-elles à la pensée du Prince et au vœu du Ministre qui naguère, comme l'histoire saura le redire, demandaient à l'éducation française de songer désormais à préparer *des hommes et non des bacheliers* [1].

Romulus et Rémus, c'est-à-dire les fondateurs de Rome, furent dès leur enfance envoyés à Gabies, pour y *apprendre les lettres et tout ce que doivent savoir les enfants nobles* [2].

---

[1] C'est la parole même de Napoléon III, que M. Duruy répéta solennellement lors de son entrée au ministère de l'instruction publique, et qui eut à l'époque un grand retentissement.

[2] Il est probable que cette ancienne école de Gabies ressemblait fort à celle de Faléries, dont il est parlé dans Tite-Live, *Hist. rom.*, l. V, n. 27. Cette dernière école était aussi une *école d'enfants nobles*. On y recevait une instruction littéraire et morale, *scientia;* on y faisait l'exercice militaire, *exercitatio;* on y avait des récréations, *lusus;* on y donnait aux jeunes gens des leçons en commun, *plures simul pueri unius magistri curæ demandati;* et la surveillance y était soigneusement exercée par le maître. Nous ne pouvons

C'est ce que témoigne Plutarque [1]. Ils menèrent néanmoins une vie commune avec les autres bergers, *vivant du travail de leurs mains, et se bâtissant eux-mêmes de petites cabanes.* Denys d'Halicarnasse [2] assure qu'il en restait encore une de son temps, qui portait le nom de Romulus. Dans la suite, ces deux frères, dédaignant le soin des troupeaux et la vie trop paisible des pâtres, se mirent à chasser dans les forêts voisines. Devenus par cet exercice robustes et intrépides, ils ne se contentèrent plus d'attaquer les bêtes féroces : ils fondaient sur les voleurs, ils enlevaient leur butin, et le distribuaient aux bergers. De jour en jour, une foule de jeunes gens vinrent grossissant leur troupe ; ils se virent enfin en état de tenir des assemblées et de célébrer des jeux analogues à ceux de la Grèce antique et des populations primitives de l'Asie. Rome eut donc, dès le commencement, ces sortes d'*exercices publics* qui donnent naissance à l'émulation et qui rendent ainsi le cœur humain capable des grandes choses. Ses premières solennités furent les *Jeux Consuales* [3], ainsi appelés parce qu'on les célébrait en

mieux faire que de citer tout entier le passage de Tite-Live, duquel ces divers détails sont extraits : « *Mos erat tunc apud Faliscos, ut plures simul pueri unius magistri curæ demandarentur. Principum liberos, qui scientiâ videbatur præcellere, erudiebat. Is cum in pace instituisset pueros ante urbem lusûs exercitationisque causâ producere, eo more per belli tempus non intermisso, die quâdam eos paulatìm solito longiùs trahendo à portâ, in castra romana ad Camillum perduxit. Ibi scelesto facinori scelestiorem sermonem addidit : Falerios se in manus Romanorum tradidisse, cum eos pueros, quorum parentes in eâ civitate principes erant, in eorum potestatem dedisset.* » Ce dernier trait montre à quel point les enfants étaient chers aux familles en ce temps-là, aussi bien que du nôtre. Ceux qui pensent que l'amour de l'enfance n'a commencé qu'avec l'esprit moderne, sont bien dans l'erreur. Dans tous les temps, même dans les plus mauvais, la nature a conservé ses droits. Jamais l'enfance et la paternité (au moins en thèse générale, car il y a eu de malheureuses exceptions) n'ont rompu les liens sacrés qui les enchaînent. Dieu n'a jamais permis le triomphe des sentiments dénaturés, que dans des cas accidentels et infiniment rares. Heureusement !

[1] Cité par Rollin, *Hist. anc.*, l. I, ch. I, § 2,

[2] Rollin, *Hist. anc.* loc. cit ; Raffy, *Lectures historiques*, t. III, p. 9.

[3] Tite-Live, *Hist. rom.*, l. I, sect. 11.

l'honneur du dieu Consus, ou Neptune équestre. Sous le grand César, il y avait à Rome des jeux d'une autre sorte. On y célébrait alors les *Jeux Apollinaires* devant des spectateurs assis dans un amphithéâtre. Ces jeux, apparemment, étaient des *lectures* ou des *drames ;* car Apollon, ou le dieu du feu, présidait à l'éloquence aussi bien qu'aux batailles, ayant ainsi le double rôle que déjà les Grecs attribuaient à leur Minerve. Ce fut pour avoir troublé les Jeux Apollinaires, que Clodius encourut une note d'infamie, dont le souvenir est si fréquemment rappelé par Cicéron dans ses invectives éloquentes [1]. Tarquin l'Ancien eut le mérite d'être, chez les Romains, le fondateur des *Écoles* et celui du *Grand Cirque* [2]. C'était un savant grec, d'origine corinthienne, et qui mit un soin digne d'éloges à initier les Romains aux arts brillants et aux institutions généreuses de sa première patrie. La première *marine romaine* dut sa naissance à l'apparition des Carthaginois sur les côtes d'Italie, à quelques pas du territoire de Rome. Pour s'exercer à la manœuvre des chaloupes, l'*exercice de navigation* fut pratiqué *sur terre,* c'est-à-dire en simulacre [3]. Cette idée ingénieuse accéléra de beaucoup les progrès. La milice romaine alla se perfectionnant toujours ; elle devint bientôt la première du monde.

Sous Romulus, la loi était sévère. Sa *dureté* éclatait surtout *envers les enfants* [4]. On les élevait dans un rigorisme aussi dur que chez les Perses, ou chez les Spartiates, ou parmi nous dans les familles rustiques de la classe indigente [5].

[1] Cicéron, *Philippiques,* X, 3 et 4.

[2] Rollin, *Hist. anc.,* l. I, ch. II, art. 5.

[3] Polybe, *Hist. gén.,* l. I, sect. 20-21.

[4] Vertot, *Révolutions romaines,* l. I.

[5] Cet esprit sévère des anciens relativement à l'éducation paraît déplaire aux hommes du jour. La douceur et le bien-être ont pris faveur dans nos colléges. Chacun le sait. Deux circulaires des premiers temps de M. Duruy, l'une proposant la suppression de l'*uniforme* dans les lycées et son remplacement par des vêtements commodes dont la façon serait différente selon les zones climatériques, l'autre exaltant les vertus sanitaires des *rôtis à la broche* et prohibant des cuisines universitaires le fade aliment des *rôtis cuits au four,*

Cette vie dure, à laquelle on croyait nécessaire d'accoutumer l'enfance, avait un but sagement calculé. On voulait aguerrir l'enfance contre la faim, le froid, le chaud, la fatigue et les privations, pour en former une pépinière de bons soldats. On la destinait aux batailles ; il fallait donc l'y préparer de loin, c'est-à-dire dès les commencements. Les Romains étaient, d'ailleurs, soldats de très-bonne heure ; et c'est ainsi qu'on voit dans Tite-Live *la jeunesse* albaine, et pareillement la *jeunesse* romaine, établie *sous les armes* [1]. Il est probable que c'est le même motif qui a fait désigner les hommes de pied, dans nos armées modernes, sous le nom d'*Infanterie*.

Il est curieux de voir le progrès croissant de l'armée romaine, qui naturellement suivait les progrès merveilleux de la population. Quelques chiffres, ayant rapport à diverses époques, vont aussi nous guider sur ce point. Nous les empruntons à divers auteurs :

1º Armée romaine, sous Romulus [2] : *Trois mille trois cents hommes*, encore *jeunes gens* pour la plupart.

2º Armée romaine, sous Servius Tullius [3] : *Quatre vingt mille hommes*, ayant *17 ans passés ;* d'où l'on peut conclure qu'un assez bon nombre n'étaient encore que des *conscrits.*

3º Armée romaine contre Pyrrhus [4] : *Deux cent soixante-dix-huit mille deux cent vingt-deux hommes*. La progression, comme on le voit, croissait d'une manière merveilleuse [5].

resteront comme deux monuments fameux de la sagesse de notre époque. La postérité s'étonnera de notre mollesse portée si loin, et sa surprise redoublera de voir que nous laissons le frein si libre à la délicatesse du corps, alors que nous affichons si haut la prétention de faire des *hommes et non des bacheliers.*

[1] Tite-Live, *Histoire romaine*, l. I, sect. 9 et 13.

[2] Tite-Live, *Hist. rom.*, l. I, sect. 9 ; Vertot, *Révolutions romaines*, l. I.

[3] Rohrbacher, *Hist. univ. de l'Égl. cathol.*, t. III, p. 474 ; Rollin, *Hist. rom.*, l. I, ch. II, art. 6 ; Tite-Live, *Hist. rom.*, l. I, sect. 42.

[4] De Ségur, *Hist. univ.*, t. V, ch. VII.

[5] Romulus incorpora *trois villes*, Ancus Martius *quatre*, et Tarquin-l'Ancien *huit*, à la population primitive de Rome. Voyez Rohrbacher, *Histoire universelle de l'Église catholique*, t. III, p. 474.

4° Armée romaine, contre les Gaulois [1] : *Quarante mille hommes*, tirés de la ville seule ou des faubourgs. Cette armée, relativement faible, fut anéantie par les Gaulois, à la journée célèbre d'Allia. Elle se décomposait de la façon suivante :

Soldats de vieilles troupes. . 24,000
Milices improvisées. . . . 16,000
Total. 40,000

D'après le calcul de Montesquieu, les Romains opposèrent aux Gaulois une armée de *sept cent mille hommes de pied et soixante-dix mille de cheval* [2].

Au fort de la seconde guerre punique, dit le même Montesquieu, Rome eut toujours sur pied une armée de 22 à 24 légions, c'est-à-dire un effectif variable de *cent vingt mille à cent trente mille hommes*, sur une population d'environ *cent trente-sept mille citoyens*.

5° Armée reformée par Camille, après la déroute d'Allia [3] : *Quarante mille hommes* choisis parmi la *jeunesse* romaine et latine.

6° Armée romaine contre Antiochus, à Magnésie [4] : *Vingt-neuf mille huit cent quatre-vingts hommes*, décomposés de la façon suivante :

Romains, formant 2 légions. 10,800
Italiens, formant 2 légions 10,800
Achéens et auxiliaires divers 3,000
Cavaliers romains 4,400
Cavaliers auxiliaires 800
Soldats montés sur les 16 éléphants. . 80
Total. 29,880

[1] Amédée Thierry, *Hist. des Gaulois*, l. I, ch. II.
[2] *Grandeur et décadence des Romains*, ch. IV.
[3] Amédée Thierry, *Hist. des Gaulois*, l. I, ch. II.
[4] Rollin, *Hist. anc.*, l. XVIII, art. I, sect. 7. Les Romains avaient alors trois lignes, formées des *hastaires*, des *princes* et des *triaires*.

7º Armée romaine massacrée par Mithridate [1] : *Cent mille hommes* tués en trahison.

8º Armées enrolées dans la guerre des esclaves [2] : *Cent soixante-trois mille hommes*, décomposés de la façon suivante, en comprenant les forces des deux partis :

Soldats de Licinius Crassus, 8 légions. 43,000
Soldats de Spartacus. 120,000
                    Total. 163,000

9º Armée de César au siége d'Alésia [3] : *Quatre-vingt mille hommes*, dont 10 légions.

10º Armées rivales de César et de Pompée à Pharsale [4] : *Trois cent mille hommes*, tirés des seules troupes romaines, non compris les auxiliaires nombreux de ces puissants rivaux.

11º Armées romaines à Philippes, dans la guerre d'Antoine et de Cassius [5] : *Deux cent mille hommes*, en comprenant les forces des deux partis.

12º Armée d'Antoine à Actium [6] : *Cent quatre-vingt-douze mille hommes*, ainsi décomposés :

Soldats des 20 légions 108,000
Soldats des 360 vaisseaux. 32,800
Cavaliers 1,200
                    Total. 192,000

Une des plus grandes luttes où on vit le mieux se déployer le génie des conseils et le génie guerrier du peuple romain, ce fut la lutte longue et sanglante de Rome contre Carthage.

---

[1] Crévier, *Hist. rom.*, l. XXXI, sect. 2.

[2] Appien, *Histoire des guerres civiles de la république romaine*, l. I, ch. 14.

[3] César, *Guerre des Gaules*, l. VIII, n. 69-89.

[4] Florus, *Histoire romaine*, l. IV, n. 2. Appien et Plutarque n'ont compté ici que 70,000 combattants, ce qui n'est pas le tiers de l'effectif indiqué par Florus. Lesquels ont raison ? Je ne sais.

[5] De Ségur, *Hist. univ.*, t. VI, ch. XI.

[6] Plutarque, *Antoine*, n. 88.

On peut dire que ce fut un duel de peuple à peuple, et un duel à mort. Carthage aussi brillait dans le monde par sa richesse, par son commerce, par ses arts florissants, par ses flottes et par ses armées. Elle put même se glorifier souvent d'avoir à la tête de ses troupes les plus grands généraux. Tel fut le grand Annibal, qui franchit les Alpes avec une merveilleuse audace, porta la guerre avec hardiesse au cœur même du pays des Romains, et tint si longtemps en échec ces adversaires puissants. Les meilleures armées ne sont pas toujours les plus nombreuses; et on le savait à Carthage tout comme à Rome. En effet, les armées romaines, après s'être élevées d'abord à un effectif énorme, comprenant toute la population virile [1], se réduisirent à n'être plus que des corps partiels [2] de 30,000 ou 40,000 hommes qui suffisaient néanmoins à chaque mission particulière et qui savaient remporter la victoire. La composition des armées carthaginoises fut réglée aussi dans des proportions à peu près pareilles. Au commencement, on les voyait très-fortes. Amilcar, par exemple, avait une armée terrestre de *300,000 hommes,* uniquement formés de soldats d'infanterie, et une flotte de *5,000 bâtiments,* dont 3,000 servaient pour le transport, et les deux autres mille pour la manœuvre ou le combat naval [3]. Cette armée nombreuse fut néanmoins battue par les *55,000 hommes* de Gélon. C'est qu'elle était composée de *mercenaires,* et que de tels soldats lâchent pied facilement devant l'invincible courage des *armées civiques* [4]. Mais Carthage, outre ses mercenaires, envoyait à la guerre ses propres citoyens. A l'arrivée d'Agathoclès, en l'absence de l'armée, on put lever à la hâte dans la seule population de

---

[1] Fleury, *Mœurs des Israëlites,* 2ᵉ partie, ch. XXIII. Tite-Live, *Histoire romaine,* l. I, n. 9.

[2] De là vient qu'on ne disait pas *lever des troupes,* mais *les choisir,* en latin, *delectum habere.*

[3] Diodore de Sicile, *Bibliothèque historique,* l. XI, n. 20.

[4] Duruy, *Histoire des Romains,* ch. XII, sect. I.

Carthage: *40,000 fantassins, 1,000 chevaux et leurs cavaliers, avec 2,000 chariots de guerre;* ce qui pouvait former un effectif général de *50,000 hommes* [1]. Sans doute, on eût pu encore en lever davantage. Mais ce nombre était bien suffisant pour tenir contre Agathoclès, dont l'armée s'élevait seulement à 13,000 ou à 14,000 hommes. On peut conclure de ceci que les Carthaginois eux-mêmes apprenaient la guerre ou l'exercice dès le jeune âge, et qu'ils suivaient sur ce point la pratique générale de tous les autres peuples ; ce qui d'ailleurs est confirmé par le témoignage positif des poëtes et des historiens. Carthage recrutait pour l'infanterie des soldats *mercenaires,* que lui fournissaient principalement les Gaulois et les Espagnols. Les Carthaginois proprement dits étaient exclusivement exercés au service *de cavalerie et de marine* [2]. Un faux point d'honneur, ou, dans tous les cas, un faux calcul les détournait de l'infanterie ; ce fut la cause de leur défaite par les Romains, dont la force principale fut dans les légions, composées surtout d'infanterie. Quant à leurs fantassins, les Carthaginois les recrutaient chez presque tous les peuples. Leurs armées comptaient *des Gaulois, des Ibériens, des Liguriens, des Nasamons, des Lotophages, des Puniques, et même quelques Carthaginois* [3] *;* c'était une bigarrure complète, destinée pour former le centre. *Des Éthiopiens et des corps d'éléphants* apparaissaient au front de bandière, et *des Baléares,* renommés pour leur grande adresse à manier la fronde, étaient postés en avant-garde [4]. Ce mélange de peuples divers était composé à dessein ; on voulait par là prévenir ou éviter les trahisons.

[1] Rollin, *Histoire ancienne,* l. II, 2e partie, ch. I.

[2] Heeren, *De la politique et du commerce des peuples de l'antiquité,* t. IV, Ire section, ch. 7, traduction française par W. de Suckau et Schütte.

[3] Tite-Live, *Histoire romaine,* l. XXII, n. 45-46. Sur la composition des armées carthaginoises, voir aussi le *Manuel d'histoire ancienne de l'Orient,* par François Lenormant, t. II, p. 435-436.

[4] Polybe, *Histoire générale,* l. XV, n. 6-19.

L'armement primitif de cette infanterie était les *longues lances ;* Annibal les remplaça par les armes romaines. Carthage admettait aussi dans ses troupes la *cavalerie numide,* distinguée par l'excellence de ses chevaux et l'adresse sans pareille de ses intrépides cavaliers. Mais Carthage, comme on l'a déjà vu, ne devait pas tout aux mercenaires. Le docte Heeren prétend que cette ville pouvait tirer de ses seuls citoyens une armée de *100,000 hommes,* sans s'imposer pour cela beaucoup de peine [1]. Elle avait des *quartiers d'infanterie* pouvant contenir 20,000 hommes, et des *quartiers de cavalerie* où l'on pouvait loger 8,000 chevaux. Cette garnison apparemment se recrutait parmi les citoyens. D'où nous concluons, comme plus haut, à la règle établie chez les Carthaginois comme chez les autres peuples de façonner l'enfance aux usages de la guerre, et de la dresser militairement à tous les exercices. Mais il y a ici une remarque pénible à faire. A l'égard de l'enfance, les Carthaginois étaient plus que durs : ils étaient cruels et *barbares* [2]. Conduits par on ne sait quel instinct, où la férocité chananéenne se retrouvait complète, ils immolaient sans pitié des enfants à Saturne [3]. Pour plaire à ce Dieu sanguinaire, c'est-à-dire à cette vaine idole, ils faisaient dévorer par le feu ces innocentes victimes, en faveur desquelles rien ne parlait à leurs entrailles dénaturées. Que ce pays infâme méritait bien, si longtemps à l'avance, son triste nom de *Barbarie !*

Bien différent était l'esprit de Rome. Les Romains, sans doute, voulaient une jeunesse aguerrie et façonnée de longue

---

[1] *De la politique et du commerce des peuples de l'antiquité,* t. IV, Ire section, ch. 7, traduction française par W. de Suckau et Schütte.

[2] La cruauté provient, en général, des mœurs dissolues, comme on représente celles des Carthaginois, qui furent des hommes d'une impiété rare.

[3] Sur la cruauté des Chananéens, des Phéniciens et des Carthaginois, voir le savant *Manuel d'histoire ancienne de l'Orient,* par François Lenormant, t. II, p. 357-358.

main au support des fatigues et des privations. Ils imposaient aux enfants une vie dure et laborieuse ; ils les habituaient à la résistance au milieu des exercices pénibles ; ils les voulaient dressés pour faire un jour de bons soldats, mais n'en faisaient pas des victimes. En un mot, ils étaient des pères rigides, mais non pas des bourreaux. Telle était la différence remarquable entre la barbarie carthaginoise et la grandeur romaine [1].

L'historien Josèphe nous a laissé une belle description de la discipline des Romains dans la guerre : « En quelque lieu, dit-il, que les Romains portent la guerre, ils ne sau⁻ raient être surpris par un soudain effort de leurs ennemis, parce qu'avant de pouvoir être attaqués, ils forment leur camp, non pas confusément ni légèrement, mais d'une forme quadrangulaire ; et si la terre y est inégale, ils l'aplanissent, car ils mènent toujours avec eux un grand nombre de forge⁻ rons et d'autres artisans pour ne manquer de rien de ce qui est nécessaire à la fortification. Le dedans de leur camp est séparé par quartiers, où l'on fait les logements des offi⁻ ciers et des soldats. On prendrait la face du dehors pour les murailles d'une ville, parce qu'ils y élèvent des tours égale⁻ ment distantes, dans les intervalles desquelles ils posent des machines propres à lancer des pierres et des traits. Ce camp a quatre portes fort larges, afin que les hommes et les chevaux puissent y entrer et en sortir facilement. Le dedans est divisé par rues, au milieu desquelles sont les logements des chefs, un prétoire fait en façon d'un petit temple, un marché, des boutiques d'artisans et des tribunaux, où les principaux officiers jugent les différents qui arrivent. Ainsi l'on prendrait ce camp pour une ville faite en un moment,

[1] Selon M. Duruy, *Histoire des Romains*, ch. XII, sect. I, « *la religion à Carthage avait peu d'empire,* ou du moins *n'exerçait aucune influence utile* dans le gouvernement ; tandis qu'à Rome les magistrats ou sénateurs *parlaient toujours au nom du ciel.* » Voir aussi dans Montesquieu, *Grandeur et décadence des Romains*, ch. IV, un beau parallèle de Rome et de Carthage.

tant le nombre de ceux qui y travaillent et leur longue expérience le mettent en cet état plus tôt qu'on ne le saurait croire ; et si l'on juge qu'il en soit besoin, on l'environne d'un retranchement de quatre coudées de largeur et autant de profondeur.

« Les soldats, avec leurs armes toujours proches d'eux, vivent ensemblent en fort bon ordre et en bonne intelligence. Ils vont par escouades au bois, à l'eau, au fourrage, et mangent tous ensemble sans qu'il leur soit permis de manger séparément. Le son de la trompette leur fait connaître quand ils doivent dormir, s'éveiller, et entrer en garde, toutes choses étant si exactement réglées que rien ne se fait qu'avec ordre. Les soldats vont le matin saluer leurs capitaines ; les capitaines vont saluer leurs tribuns ; et les tribuns et les capitaines vont tous ensemble saluer celui qui commande en chef. Alors il leur donne le mot et tous les ordres nécessaires pour les porter à leurs inférieurs, afin que personne n'ignore la manière dont il doit combattre, soit qu'il faille faire des sorties ou se retirer dans le camp.

» Quand il faut décamper, le premier son de la trompette le fait connaître, et aussitôt ils plient leurs tentes et se préparent à partir [1]. Quand la trompette sonne une seconde fois, ils chargent tout leur bagage, attendent pour partir un troisième signal comme l'on ferait dans une course de chevaux, et mettent le feu dans leur camp, tant parce qu'il leur est facile d'en refaire un autre que pour empêcher les ennemis de s'en pouvoir servir. Quand la trompette sonne pour la troisième fois, tout marche ; et afin que chacun aille en son

---

[1] Nous trouvons dans les livres de Moïse, *Nombres*, X, 2-10, une discipline militaire à peu près pareille. Il est surprenant que l'historien Josèphe n'ait pas été frappé de cette ressemblance entre l'usage des Romains et celui des Hébreux pour l'ordre des marches et celui des campements. Des comparaisons de ce genre ont pourtant leur côté utile, quand ce ne serait que pour bien établir la vérité de cette grande maxime : *Il n'y a rien de nouveau sous le soleil.*

rang, on ne souffre que personne demeure derrière. Alors un héraut qui est au côté droit du général leur demande par trois fois s'ils sont prêts à combattre ; à quoi ils répondent autant de fois à haute voix, et d'un ton qui témoigne leur joie, qu'ils sont tous prêts. Ils préviennent même souvent le héraut en faisant connaître par leurs cris et en levant les mains en haut qu'ils ne respirent que la guerre.

» Ils marchent ensuite dans le même ordre que s'ils avaient l'ennemi en tête, sans rompre jamais leurs rangs. Les gens de pied sont armés de casques et de cuirasses, et chacun porte deux épées, dont celle qu'ils ont au côté gauche est beaucoup plus longue que l'autre ; car celle qu'ils ont au côté droit n'a guère qu'une paume de long, et c'est plutôt un poignard qu'une épée. Des soldats choisis qui accompagnent le chef portent des javelines et des targes ; et tous les autres soldats ont des javelots avec de longs boucliers, et portent dans une espèce de hotte une scie, une serpe, une hache, un cercloir ou un pic, une faucille, une chaîne, des longes de cuir, et du pain pour trois jours, en sorte qu'ils ne sont guère moins chargés que les chevaux. Les gens de cheval portent une longue épée au côté droit, une lance à la main, un bouclier en écharpe au côté du cheval et une trousse garnie de trois dards au plus, dont la pointe est fort large, et qui ne sont pas moins longs que des javelots. Leurs cuirasses et leurs casques sont semblables à ceux des gens de pied. Ceux qui sont choisis pour accompagner le chef sont armés comme les autres, et c'est le sort qui donne le rang aux troupes qui doivent marcher en tête. Telles sont les marches, la manière de camper, et la diversité des armes des Romains. Ils ne font rien dans leurs combats sans l'avoir prémédité, mais leurs actions sont toujours des suites de leurs délibérations. Ainsi, s'ils commettent des fautes, ils y remédient facilement ; et pourvu que les choses soient mûrement concertées, ils aiment mieux que les effets ne répondent pas à leurs espérances que de ne devoir leurs bons succès qu'à la fortune, parce que les avantages que l'on ne tient que d'elle seule portent à agir inconsidérément; au lieu que les malheurs qui viennent ensuite d'une résolution sagement prise, servent à prévenir ce qui peut à l'avenir en faire éviter de semblables, joint que l'on ne peut s'attribuer l'honneur de ce qui n'advient que fortuitement; et qu'au contraire, dans les désavantages qui arrivent contre toute apparence, on a du moins la consolation de n'avoir manqué à rien de ce que la prudence désirait.

» *Ces continuels exercices militaires ne forment pas seulement les corps des soldats, ils affermissent aussi leur courage*, et l'approbation du châtiment les rend exacts dans tous leurs devoirs; car les lois ordonnent des peines capitales non-seulement pour la désertion, mais pour les moindres négligences; et quelque sévères que soient ces lois, les officiers qui les font observer le sont encore davantage; mais les honneurs dont ils récompensent le mérite sont si grands, que ceux qui souffrent de si rudes châtiments n'osent s'en plaindre, et cette merveilleuse obéissance fait que *rien n'est si beau dans la paix, ni si redoutable dans la guerre qu'une armée romaine*. Ce grand nombre d'hommes paraît ne faire qu'un seul corps, qui se meut tout entier en même temps; tant les troupes qui le composent sont admirablement bien disposées. Leurs oreilles sont si attentives aux ordres, leurs yeux si ouverts aux signes, et leurs mains si préparées à l'exécution de ce qui leur est commandé, qu'étant d'ailleurs vaillants et infatigables au travail, la résolution de donner bataille n'est pas plus tôt prise, qu'il n'y a ni multitude d'ennemis, ni fleuves, ni forêts, ni montagnes qui puissent les empêcher de s'ouvrir le chemin à la victoire; le sort même se déclarerait contre eux, qu'ils ne se croiraient pas dignes de porter le nom de Romain s'ils ne triomphaient aussi de lui [1]. Faut-il donc s'étonner que des armées qui

---

[1] C'est le même sentiment d'honneur national qui faisait dire à Napoléon Ier: « Le mot *impossible* n'est pas français. »

exécutent d'une manière héroïque des conseils si sagement pris, aient poussé si loin leurs conquêtes, que ce superbe empire n'ait pour bornes que l'Euphrate du côté de l'orient, l'Océan du côté de l'occident, l'Afrique du côté du midi, et le Rhin et le Danube du côté du septentrion, puisque l'on peut dire sans flatterie que quelque grande que soit l'étendue de tant de royaumes et de provinces, le cœur de ce peuple, que sa prudence jointe à sa valeur a rendu le maître du monde, est encore plus grand [1]. »

Montesquieu lui-même a fait, avec son génie ordinaire, un éloquent tableau de l'art de la guerre chez les Romains : « Les Romains, dit-il, se destinant à la guerre et la regardant *comme le seul art* [2], ils mirent tout leur esprit et toutes leurs pensées à le perfectionner. C'est sans doute un Dieu, dit Végèce, qui leur inspira la légion. — Ils jugèrent qu'il fallait donner aux soldats de la légion des armes offensives, et défensives plus fortes et plus pesantes que celles de quelque autre peuple que ce fût. Mais comme il y a des choses à faire dans la guerre dont un corps pesant n'est pas capable, ils voulurent que la légion contînt dans son sein une troupe légère qui pût en sortir pour engager le combat ; et, si la nécessité l'exigeait, s'y retirer ; qu'elle eût encore de la cavalerie, des hommes de trait et des frondeurs, pour poursuivre les fuyards et achever la victoire ; qu'elle fût défendue par toutes sortes de machines de guerre qu'elle traînait avec elle ; que chaque fois elle se retranchât, et fût, comme dit Végèce, une espèce de place de guerre. Pour qu'ils pussent avoir des armes plus pesantes que celles des autres hommes, il fallait qu'ils se rendissent plus qu'hommes ; c'est ce qu'ils firent par *un travail continuel qui augmentait leur force, et*

[1] *Guerre des Juifs contre les Romains*, l. III, ch. VI, traduction française par Arnauld d'Andilly, édition d'Amsterdam, 1681.

[2] Cette pensée des Romains est véritable, en ce sens que là où fleurit l'art militaire tous les arts fleurissent aussi par contre-coup. C'est la démonstration précisément qui ressort de tout ce travail.

par *des exercices qui leur donnaient de l'adresse*, laquelle n'est autre chose qu'une juste dispensation des forces que l'on a. — Nous remarquons aujourd'hui [1] que nos armées périssent beaucoup par le travail immodéré des soldats; et cependant c'était par un travail immense que les Romains se conservaient. La raison en est, je crois, que leurs fatigues étaient continuelles; au lieu que nos soldats passent sans cesse d'un travail extrême à une extrême oisiveté; ce qui est la chose du monde la plus propre à les faire périr. Il faut que je rapporte ici ce que les auteurs nous disent de l'éducation des soldats romains. On les accoutumait *à aller le pas militaire*, c'est-à-dire à faire en cinq heures vingt milles, et quelque fois vingt-quatre. Pendant ces marches, on leur faisait porter des poids de soixante livres. On les entretenait dans l'habitude *de courir et de sauter tout armés :* ils prenaient dans leurs exercices des épées, des javelots, des flèches *d'une pesanteur double des armes ordinaires ; et ces exercices étaient continuels.*

» Ce n'était pas seulement dans le camp qu'était l'école militaire ; il y avait dans la ville un lieu *où les citoyens allaient s'exercer* (c'était le Champ-de-Mars). Après le travail ils se jetaient dans le Tibre pour s'entretenir dans l'habitude de nager et nettoyer la poussière et la sueur. — Nous n'avons plus une juste idée des exercices du corps : un homme qui s'y applique trop nous paraît méprisable, par la raison que la plupart de ces exercices n'ont plus d'autre objet que les agréments ; au lieu que, chez les anciens, tout, jusqu'à la danse, faisait partie de l'art militaire. Il est même arrivé, parmi nous, qu'une adresse trop recherchée

---

[1] Montesquieu écrivait ces observations en 1734. Le temps ne les a pas encore démenties. Mais l'absinthe et les mœurs dissolues sont souvent aussi la perte des armées, soit en campagne, soit en garnison. C'était un bien moral immense pour les soldats romains de n'avoir pas leurs garnisons dans les grandes villes, mais de camper en permanence. Ce serait un exemple à suivre, dans l'intérêt des mœurs et pour bien des motifs.

dans l'usage des armes dont nous nous servons à la guerre est devenue ridicule [1] ; parce que, depuis l'introduction de la coutume des combats singuliers, l'escrime a été regardée comme la science des querelleurs ou des poltrons. Ceux qui critiquent Homère de ce qu'il relève ordinairement dans ses héros la force, l'adresse ou l'agilité du corps, devraient trouver Salluste bien ridicule, qui loue Pompée de ce *qu'il courait, sautait et portait un fardeau aussi bien qu'homme de son temps.*

» Toutes les fois que les Romains se crurent en danger ou qu'ils voulurent réparer quelque perte, ce fut une pratique constante chez eux d'affermir la discipline militaire. Ont-ils à faire la guerre aux Latins, peuples aussi aguerris qu'eux-mêmes? Manlius songe à augmenter la force du commandement, et fait mourir son fils qui avait vaincu sans son ordre. Sont-ils battus à Numance? Scipion Emilien les prive d'abord de tout ce qui les avait amollis. Les légions romaines ont-elles passé sous le joug en Numidie? Métellus répare cette honte dès qu'il leur a fait reprendre les institutions anciennes. Marius, pour battre les Cimbres et les Teutons, commence par détourner les fleuves ; et Sylla fait si bien travailler les soldats de son armée effrayée de la guerre contre Mithridate, qu'ils lui demandent le combat comme la fin de leurs peines. Publius Nasica, sans besoin, leur fit

[1] Cette observation de Montesquieu n'est plus aujourd'hui applicable à la France. Le goût des armes et surtout l'exercice du tir tiennent désormais chez nous une place importante parmi les plaisirs à la mode. En 1866, les *Francs-Tireurs Vosgiens* avaient marqué l'apparition d'un nouveau type de milice, et on a vu leurs imitateurs se multiplier sur divers points de la France. En 1867, le gouvernement impérial a cru opportun de réorganiser notre armée et de poser les bases d'une garde nationale sérieuse. Ces mesures salutaires ont excité d'abord la clameur malveillante des partis politiques. Mais toutes les oppositions seront impuissantes à comprimer ce réveil de l'esprit militaire, qui, à nos yeux, présage le réveil de l'esprit national et semble un indice assez clair de la prochaine apparition d'un grand siècle. Sera-ce encore la vérification du mot : *Gesta Dei per Francos?* Il y a des raisons pour l'espérer et pour le souhaiter.

construire une armée navale. On craignait plus l'oisiveté que les ennemis. Aulu-Gelle donne d'assez mauvaises raisons de la coutume des Romains de faire saigner les soldats qui avaient commis quelque faute : la vraie est que la force étant la principale qualité du soldat, c'était le dégrader que de l'affaiblir. Des hommes si endurcis étaient ordinairement sains. On ne remarque pas dans les auteurs que les armées romaines, qui faisaient la guerre en tant de climats, périssent beaucoup par les maladies, au lieu qu'il arrive presque continuellement aujourd'hui que des armées, sans avoir combattu, se fondent pour ainsi dire dans une campagne.

» Parmi nous les désertions sont fréquentes, parce que les soldats sont la plus vile partie de chaque nation, et qu'il n'y en a aucune qui aie ou qui croie avoir un certain avantage sur les autres. Chez les Romains elles étaient plus rares : des soldats tirés du sein d'un peuple si fier, si orgueilleux, si sûr de commander aux autres, ne pouvaient guère penser à s'avilir jusqu'à cesser d'être Romains. Comme leurs armées n'étaient pas nombreuses, il était aisé de pourvoir à leur subsistance ; le chef pouvait mieux les connaître, et voyait plus aisément les fautes et les violations de la discipline. La force de leurs exercices, les chemins admirables qu'ils avaient construits, les mettaient en état de faire des marches longues et rapides. Leur présence inopinée glaçait les esprits : ils se montraient surtout après un mauvais succès, dans le temps que leurs ennemis étaient dans cette négligence que donne la victoire.

» Dans nos combats d'aujourd'hui, un particulier n'a guère de confiance qu'en la multitude[1] : mais chaque Romain, plus robuste et plus aguerri que son ennemi, comptait tou-

---

[1] On prête à Turenne ce mot d'une vérité assez douteuse, mais qui passait pour proverbe à l'époque : « Dieu est toujours pour les gros bataillons. » Alexandre et Napoléon, sans parler des Romains, ont fait voir que cette maxime est sujette à défaut.

jours sur lui-même, il avait naturellement du courage, c'est-à-dire de cette vertu qui est le sentiment de ses propres forces. Les troupes étant toujours les mieux disciplinées, il était difficile que, dans le combat le plus malheureux, ils ne se ralliassent quelque part, ou que le désordre ne se mît quelque part chez les ennemis. Aussi les voit-on continuellement dans les histoires, quoique surmontés dans le commencement par le nombre ou par l'ardeur des ennemis, arracher enfin la victoire de leurs mains. Leur principale attention était d'examiner en quoi leur ennemi pouvait avoir de la supériorité sur eux ; et d'abord ils y mettaient ordre. Ils s'accoutumaient à voir le sang et les blessures dans les spectacles des gladiateurs, qu'ils prirent des Etrusques. Les épées tranchantes des Gaulois, les éléphants de Pyrrhus, ne les surprirent qu'une fois. Ils suppléèrent à la faiblesse de leur cavalerie, d'abord en ôtant les brides des chevaux pour que l'impétuosité n'en pût être arrêtée, ensuite en y mêlant des vélites ; c'étaient des jeunes hommes légèrement armés, les plus agiles de la légion, qui, au moindre signal, sautaient sur la croupe des chevaux ou combattaient à pied. Quand ils eurent connu l'épée espagnole, ils quittèrent la leur. Ils éludèrent la science des pilotes par l'invention d'une machine que Polybe nous a décrite. Enfin, comme dit Josèphe, la guerre était pour eux une méditation ; la guerre, un exercice. Si quelque nation tient de la nature ou de son institution quelque avantage particulier, ils en firent d'abord usage : ils n'oublièrent rien pour avoir des chevaux numides, des archers crétois, des frondeurs baléares, des vaisseaux rhodiens. Enfin, jamais nation ne prépara la guerre avec tant de prudence, et ne la fit avec tant d'audace [1]. »

Chez les Romains, comme chez les Hébreux, chaque citoyen était soldat. Telle était la constitution primitive de ce peuple, et vers la fin de l'empire elle n'avait cessé d'être en

---

[1] *Grandeur et décadence des Romains,* ch. II.

vigueur. C'est un fait déjà observé par le docte Dureau de Lamalle : « Les Romains d'une certaine distinction, dit-il dans la *Vie de Tacite,* ceux même qui se destinaient à parvenir aux emplois par la route de l'éloquence, servaient quelques années en qualité de volontaires avant que de se montrer au barreau. Leur famille les confiait à des généraux d'armée, à des commandants de légion, qui leur donnaient la table et le logement, ne les perdaient point de vue, les instruisaient des principes, leur conféraient quelquefois un grade honoraire ; et pour mettre à l'épreuve léur courage et leur intelligence, les employaient comme aides-de-camp : cette formalité rendait hommage aux mœurs primitives. Originairement tout Romain était soldat. Ainsi, depuis même que les armes et l'éloquence firent comme deux professions séparées, elles ne furent jamais censées l'être. Un candidat n'aurait osé demander au peuple, *du temps de l'ancienne république,* au sénat, *sous les empereurs,* la moindre magistrature sans avoir porté les armes pour la patrie. Cicéron les avait portées sous Sylla ; Pline le Jeune servit en Orient ; et nous pourrions affirmer que Tacite se conforma comme eux à l'usage. Je me souviens d'avoir entendu dire à un habile militaire, versé dans la lecture des anciens auteurs, que Tacite parle toujours de guerre très-pertinemment ; au lieu que Tite-Live, admirable à tant d'autres égards, paraît ignorer cette partie, jusqu'à défigurer Polybe lorsqu'il le traduit. C'est que Tite-Live, qui se borna toujours à l'état d'homme de lettres, n'avait pas eu le besoin de servir, et que Tacite, aspirant aux dignités, fit nécessairement quelques campagnes pour s'en ouvrir le chemin [1]. »

Dureau de Lamalle, dans sa traduction de Tacite [2], donne aussi sur *l'habillement militaire des Romains* des détails du plus haut intérêt. Le savant Le Deist de Botidoux a lui-

[1] Dureau de Lamalle, *Vie de Tacite*, p. 16 et 17.
[2] T. IV, p. 600.

même traité de l'art militaire des Romains dans sa traduction des Commentaires de César ; et il l'a fait avec une abondance de recherches qui semble avoir épuisé la matière.
Valère Maxime peut être lu à son tour pour son chapitre
intitulé : *De la discipline militaire.* Enfin, Végèce, *De re
militari ;* Patrizio, *Paralleli militari ;* Valtrini, *De re militari Romanorum ;* Juste-Lipse, *De militia romana ;* Sau-
maise, *De re militari Romanorum ;* Denys d'Halicarnasse et
Polybe fourniront aux amateurs les plus curieux de recherches, toutes les ressources désirables pour une étude complète sur l'esprit militaire des Romains.

Mais les Romains, outre leur esprit militaire, avaient
encore l'esprit d'agriculture. C'est ce que Bossuet a pris
grand soin de nous faire observer. « Nourrir du bétail, dit-
il, labourer la terre, se dérober à eux-mêmes tout ce qu'ils
pouvaient, vivre d'épargne et de travail : voilà quelle était
leur vie ; c'est de quoi ils soutenaient leur famille, qu'ils
accoutumaient à de semblables travaux. Tite-Live a raison
de dire qu'il n'y eut jamais de peuple où la frugalité, où
l'épargne, où la pauvreté aient été plus longtemps en honneur. Les sénateurs les plus illustres, à n'en regarder que
l'extérieur, différaient peu des paysans, et n'avaient d'éclat
ni de majesté qu'en public et devant le sénat. Du reste, on
les trouvait occupés du labourage et des autres soins de la
vie rustique, quand on les allait quérir pour commander
les armées. Ces exemples sont fréquents dans l'histoire romaine. Curius et Fabricius, ces grands capitaines qui vain-
quirent Pyrrhus, un roi si riche, n'avaient que de la vaisselle de terre ; et le premier, à qui les Samnites en offraient
d'or et d'argent, répondit que son plaisir n'était point d'en
avoir, mais de commander à qui en avait. Après avoir
triomphé et avoir enrichi la république des dépouilles de
ses ennemis, il n'avait pas de quoi se faire enterrer. Cette
modération durait encore pendant les guerres Puniques.
Dans la première, on voit Régulus, général des armées ro-

maines, demander son congé au sénat pour aller cultiver sa métairie abandonnée pendant son absence. Après la ruine de Carthage, on voit encore de grands exemples de la première simplicité. Paul-Émile, qui augmenta le trésor public par le riche trésor des rois de Macédoine, vivait selon les règles de l'ancienne frugalité et mourut pauvre. Mummius, en ruinant Corinthe, ne profita que pour le public des richesses de cette ville opulente et voluptueuse. Ainsi les richesses étaient méprisées : la modération et l'innocence des généraux romains faisaient l'admiration des peuples vaincus[1]. » Ce même esprit de simplicité rustique se conserva sous les empereurs. « Auguste habita quarante ans la même chambre, l'été comme l'hiver. Ses meubles avaient à peine l'élégance d'un simple particulier. Trois plats, six au plus, composaient ses repas, et les mets étaient les plus simples et les plus vulgaires. Il s'habillait de la laine qu'avaient filée sa femme, sa sœur, sa fille et ses petites-filles. Vespasien, Trajan, Adrien, les Antonins ne se piquèrent pas de plus de somptuosité. L'extrême économie était le caractère distinctif de tous les bons princes. Pertinax, empereur, envoyait ses enfants à l'école. Marc-Aurèle, obligé de vendre ses meubles pour fournir à des dépenses imprévues, n'en acheta point de nouveaux ; en sorte que les murs de son palais restèrent nus et n'en ressemblaient que mieux, a dit son panégyriste Thomas, au temple d'un Dieu[2]. » Tel est le portrait fidèle de la simplicité romaine, éternelle gloire du plus grand de tous les empires et éternelle leçon pour tous les grands peuples futurs.

L'union des arts et des sciences avec l'art militaire, avec l'agriculture et la religion, se retrouve chez les Romains aussi marquée que dans les précédents empires. Voyons-la

---

[1] *Discours sur l'histoire universelle*, 3e partie, ch. VI.

[2] Dureau de Lamalle, traduction des œuvres de Tacite, *Discours préliminaire*, p. 153.

d'abord telle qu'elle se présente dans l'ordre chronologique, c'est-à-dire dans les biographies individuelles des principaux personnages qui forment les jalons naturels de l'histoire romaine. Mais bornons-nous à quelques traits rapides.

Romulus et Rémus *apprirent les lettres*, c'est-à-dire les sciences de l'époque, à l'*école de Gabies* [1]. Leur éducation fut aussi complète qu'on la donnait alors aux enfants nobles, c'est-à-dire à ceux que l'on forma toujours avec le plus de soin. Dès le temps même de Romulus, il y eut à Rome un *clergé savant* [2]. Les prêtres de Rome ne recevaient le sacerdoce qu'à l'âge de *50 ans*, c'est-à-dire quand ils avaient acquis la plénitude de la sagesse et le caractère vénérable de la maturité. Ils étaient *historiographes* par état ; et les fameuses *Annales,* qui plus tard ont servi de base à l'histoire, ont été écrites d'année en année par ces graves et savants pontifes [3]. Il paraît aussi qu'ils avaient le soin de rendre la justice.

Numa Pompilius est représenté comme un homme *religieux et savant*. Ce pouvait être un pontife, comme tout porte à le soupçonner. Le calendrier romain fut réglé sous son règne, et d'après une base qui indique chez les Romains des connaissances astronomiques déjà bien avancées [4].

Tarquin l'Ancien fonda *les écoles* proprement dites chez les Romains, en même temps que le Grand Cirque. Il est probable qu'il les institua sur le modèle des écoles grecques en général, et en particulier sur le modèle des écoles de Corinthe, d'où il tirait son origine [5].

[1] Plutarque, *Romulus;* Rollin, *Hist. romaine*, l. I, ch. I, § 2.

[2] Vertot, *Révolutions romaines*, l. I.

[3] Tacite, *Annales*, V, 4. Voir les explications données par Juste-Lipse, l'abbé Brotier et Dureau de Lamalle, sur les *Actes des Pontifes*, le *Journal du Sénat et du peuple*, et le *Journal de Rome* appelé *acta urbana*, *acta diurna*, *acta publica*.

[4] Plutarque, *Numa*, 3-9 ; Tite-Live, l. I, 19-21.

[5] Rollin, *Hist. romaine*, l. I, ch. II, art. 4. On peut conjecturer que les

Fabius Cunctator, dans son enfance, était *pesant de corps*. Plutarque observe que, pendant toute cette période, il fut aussi *pesant d'esprit et très-lent à concevoir les choses*. Plus tard, l'exercice avait rendu son corps alerte, et il avait du même coup donné l'éveil à son esprit [1]. Cette coïncidence est remarquable. Elle montre bien le rapport essentiel de l'état vivace des corps avec l'état intellectuel de l'âme. On en doit conclure que les travaux corporels sont d'une grande importance, même au bénéfice de l'esprit [2]. On s'explique dès lors aisément la supériorité intellectuelle et morale des peuples militaires, supériorité qui a toujours été frappante dès les temps reculés, en particulier chez les Hébreux, chez les Grecs, chez les Romains, et aujourd'hui chez les Français.

Scipion l'Africain fut un savant passionné pour l'étude. Au milieu de ses guerres, il aimait à s'entretenir des plus hautes questions avec les philosophes. Velléius Paterculus admirait les talents à la fois *littéraires et militaires* de ce grand capitaine [3]. Mencke lui-même a joint cet illustre

écoles romaines devaient ressembler fort à l'*école de Gabies* ou à l'*école de Faléries*, dont nous avons déjà parlé ci-dessus d'après Tite-Live. C'est surtout à ces détails, tirés d'un auteur latin, que nous croyons devoir renvoyer nos lecteurs.

[1] Plutarque, *Fabius Maximus*. Pline le Jeune remarquait lui-même combien le mouvement du corps est favorable à la production des idées. Voir ses *Lettres*, livre I, lettres 6 et 7, où il dit expressément : « Mirum est ut animus agitatione motuque corporis excitetur; » puis encore : « Corpori vaco, cujus futuris animus sustinetur. »

[2] C'est une opinion que le philosophe Platon avait déjà soutenue. On sait que M. Barthélemy Saint-Hilaire, dans son remarquable *Traité de Gymnastique*, s'est rangé sur ce point à l'avis de Platon, qu'il a d'ailleurs démontré par des raisons nouvelles. C'est la thèse que j'ai moi-même soutenue, après ces grands auteurs et mille autres, dans mon *Traité de l'introduction des idées napoléoniennes dans la discipline des colléges*, dont la première édition remonte à l'année 1856. Elle a converti depuis peu M. Duruy, ministre actuel de l'instruction publique et novateur fameux dans son département, où les réformes se succèdent d'un jour à l'autre.

[3] *Histoire romaine*, l. I, ch. 14.

exemple à tous ceux qui figurent dans sa curieuse *Bibliothèque des hommes fameux par la plume et l'épée* [1].

Sylla était versé profondément dans les littératures *grecque
et latine,* et également fort dans l'une et dans l'autre. Il avait
même tout négligé pour pouvoir mieux s'occuper des
sciences [2]. Dans le principe, il *ignorait l'art de la guerre.*
Mais c'était une exception à Rome, et qui n'était possible
que chez un riche particulier. Grâce à ses connaissances
supérieures, il fut bientôt un général accompli. Par où l'on
voit que, si la guerre mène à la science, de son côté la
science mène à la guerre. Un autre exemple pareil fut celui
de Julien l'Apostat qui arriva novice à la guerre, et qui
s'improvisa général illustre, par l'effet naturel de son savoir
très-distingué.

Sertorius est lui-même un exemple de ce grand caractère
qu'on admirait chez les Romains. On sait qu'il fut grand
capitaine. Il se montra aussi le protecteur des arts et du
goût, l'ami généreux des études littéraires. « Il prodiguait
l'or et l'argent pour orner *casques et boucliers.* Il fournit
aux Barbares eux-mêmes des *tuniques et des manteaux brodés,*
les piquant d'émulation par son exemple. *C'est ainsi* qu'il
les menait *à son gré.* Mais ce qui lui conquit surtout les
cœurs, ce fut sa conduite à l'égard des enfants. Il prit ceux
des *premières familles,* les réunit à Osca, et leur donna des
maîtres pour les instruire dans les lettres *grecques et romaines.* Les pères étaient tout joyeux de voir leurs fils vêtus
de *robes bordées de pourpre* se rendre aux écoles *avec décence,*

---

[1] Le général Ambert m'avait engagé plusieurs fois à traduire la *Bibliotheca
virorum militiâ œquè ac scriptis illustrium.* Je ne connaissais moi-même
cet ouvrage que de nom, sans l'avoir jamais ni vu ni parcouru, et je fis des
recherches de tous côtés pour le découvrir. Aidé dans ces recherches par un
illustre ami, M. le docteur Georges Schæfer, conseiller de cour et ancien
gouverneur des jeunes princes de Hohenzollern, je finis par le rencontrer, en
1860, dans une des plus belles et des plus riches bibliothèques d'Allemagne,
c'est-à-dire à la bibliothèque publique de la ville de Mayence.

[2] Salluste, *Guerre de Jugurtha,* 75-96.

et Sertorius *payer toute la dépense* de leur éducation, *les examiner souvent* lui-même, distribuer *des récompenses* à ceux qui se distinguaient, et leur donner de ces *ornements d'or* qu'on suspend au cou et que les Romains appellent Bulles [1]. » Ce témoignage est de Plutarque. Il nous montre quelle haute intelligence avait le brave Sertorius. Ce bel uniforme des écoliers, ces examens, ces récompenses, ce système d'émulation, cette gratuité de l'enseignement, voilà les nobles conceptions auxquelles on reconnaît tout d'abord l'esprit généreux d'un grand homme. On croirait voir ici s'annoncer déjà le noble cœur de Charlemagne ou la belle âme d'Alfred le Grand. C'est qu'en effet, par la pente naturelle des idées ou des instincts, tous les nobles cœurs se ressemblent.

Le grand César savait écrire ou haranguer comme il savait combattre [2]. C'était le Napoléon de son époque [3]. Nous admirons son style précis, rapide et ferme, image de son système de guerre, qui était déjà le système d'Alexandre, et qui fut consacré de nouveau sous Napoléon comme la tactique par excellence ou la tactique moderne. Avec le système ancien, il s'agissait de faire la guerre avec des masses; mais nous avons vu que les Romains y renoncèrent bientôt. Le système moderne est tout l'opposé; il s'appuie sur le courage et l'adresse pour triompher du nombre. L'expérience lui a donné raison. On a vu souvent un petit nombre de bons soldats, soutenus par l'intelligence et le patriotisme, enfoncer les gros bataillons. Une sage tactique, en ménageant les

---

[1] Plutarque, *Sertorius*, passim.

[2] Salluste, *Conjuration de Catilina*, 54; Plutarque, *César*, passim; Tacite, *Annales*, l. XIII, 3.

[3] Napoléon Ier traduisit les *Commentaires de César*, et il en faisait sa lecture favorite. Napoléon III est l'auteur d'une remarquable *Vie de Jules César*. Tacite lui-même témoigne que César était *l'émule des premiers auteurs*, et qu'il dominait ses contemporains par l'éloquence autant qu'il se distinguait par l'épée.

forces pour ne les employer qu'à propos, supplée au nombre par la qualité, et donne à une poignée d'hommes résolus la valeur d'une puissante armée ; de sorte que la présence de tant de soldats sur un champ de bataille peut devenir même, en certaines occasions, plus nuisible qu'utile. Alexandre, César et Napoléon se sont chargés de rendre évidente la supériorité de la tactique moderne. Nous employons ce terme à dessein ; car Alexandre même est déjà un moderne, et à plus forte raison César. Il y a aussi deux systèmes en littérature : l'ancien, ou celui de la phrase, et le moderne, ou celui de l'idée. En comparant César et Cicéron pour le style, on voit jurer les deux extrêmes, comme si l'on comparait le sublime Bossuet au verbeux Massillon, ou mieux encore Napoléon 1er avec les parleurs ridiculés de l'époque. Le style de César est donc aussi le style d'un auteur avancé, j'allais dire celui d'un moderne. Enfin, sous le même César, Artémidore de Cnide était *professeur de lettres grecques* à Rome [1] ; ce qui nous prouve qu'avant Mécène et le siècle d'Auguste [2], les arts et les sciences avaient rencontré la plus haute protection à Rome.

[1] Plutarque, *César*, 70.

[2] Voici comment M. Patin retrace l'état de la littérature sous Auguste et Mécène : « Cette protection des lettres, dit-il, qui avait été, au temps de la république, pour quelques praticiens d'élite, un goût, une distinction, l'emploi de nobles loisirs, l'ornement d'une haute fortune, quelquefois l'innocente prétention de la vanité, sembla prendre chez Mécène le caractère d'un ministère officiel. Mécène parut avoir mission, non pas seulement pour soutenir et encourager les talents, mais pour les recruter, les enrôler, les discipliner, leur donner le mot d'ordre de cette espèce de département de l'esprit dont il était le chef, et dont le siége était cette table hypocritement hospitalière qu'Auguste, qui s'y pourvoyait de panégyristes, appelait, dans sa correspondance confidentielle, d'un mot bien dur, *parasitica mensa*. Il est vraiment curieux de voir comment, sous le gouvernement d'Auguste et l'administration de Mécène, la littérature arrive en peu de temps à s'organiser, à faire corps, à former une société à part au sein de la société, un État dans l'État, ce qu'on a appelé depuis, mais ailleurs, *la république des lettres*, république alors bien monarchique, avec l'autre, toute dans la main de l'empereur. La littérature, ce n'est plus

Spartacus, Caton, Pompée, Germanicus, les deux Pline, et mille autres grands hommes, joignaient les avantages du corps à ceux de l'esprit. Le seul défaut de Germanicus, d'avoir *les jambes un peu grêles*, il le corrigea, par l'habitude qu'il prit de monter à cheval après ses repas. Il eut un grand succès dans *les deux langues* [1], comme on disait, c'est-à-dire le grec et le latin. Le sage Caton fut l'un des Romains les plus passionnés pour l'étude [2] ; il étudiait encore le grec sur ses vieux jours avec l'ardeur la plus vive d'un jeune homme ; il aimait aussi la vie rustique à l'égal des anciens Romains, et Cicéron témoigne avoir appris dans ses doctes écrits la connaissance parfaite qu'il avait de l'anti-

comme auparavant un petit nombre de vocations individuelles, éparses, isolées, sans aucun lien commun, nées fortuitement de la conscience du talent ou des inspirations du besoin ; ce n'est plus ce succès passager, furtif, borné, à l'exception de ce qui regardait le théâtre, aux suffrages de l'amitié, à la circulation restreinte de quelques rares copies. La littérature, c'est désormais tout autre chose. Il y a, en dehors de la foule des écrivains amateurs, tout un peuple d'écrivains dont les lettres sont la profession avouée : il y a *des ateliers de copies* où se multiplient les exemplaires de leurs œuvres ; il y a *des libraires* qui les répandent à Rome, en Italie, dans les provinces, en Afrique, par exemple, à Utique, où s'expédiaient les productions de rebut : il y a *des bibliothèques publiques* pour les recueillir, les conserver, les offrir, longtemps encore après qu'on les aura oubliées, à la curiosité des érudits et à l'industrie des plagiaires : il y a *des lectures d'apparat* où l'on s'essaie en toute sûreté devant un auditoire choisi, avant de se lancer au grand jour de la vraie publicité : il y a *des concours* où le pouvoir lui-même s'occupe de distribuer les rangs et les récompenses. Telle est, sous Auguste et sous Mécène, la constitution de la littérature romaine. » Sous Claude et Néron, l'usage des lectures publiques avait encore augmenté sa vogue chez le peuple romain. On y déclamait ses propres vers, ou ceux des poètes à la mode, ou les morceaux fameux du temps passé. Les auteurs sont remplis d'allusions à cet usage. Voyez Juvénal, *Satires*, VI, 455 et suiv. ; XI, 177 et suiv. ; VII, 82 et suiv. ; Pline le Jeune, *Lettres*, livre I, lettre XV, n. 2 ; livre IX, lettre XXXVI, n. 4 ; Pétrone, *Satires*, LX et LIX ; Perse, *Satires*, I, 15-18. Ce dernier en fait une description comique. C'est dans ces lectures d'autrefois que M. Duruy a puisé l'idée des conférences publiques remises à la mode sous son ministère.

[1] Suétone, *Caligula*, 1. VI.

[2] Cicéron, *De finibus bonorum et malorum*, l. III, n. 2 et 5.

quité [1]. Caton serait de nos jours un archéologue passionné. Il suffit de nommer les deux Pline pour rappeler à l'esprit le souvenir de deux hommes d'un profond savoir. Pline l'Ancien a laissé beaucoup d'écrits, en particulier son *Histoire naturelle,* espèce d'encyclopédie où rien ne manque, sinon la disposition des matières en ordre alphabétique, à quoi n'avaient pas songé les anciens. Pline le Jeune est lui-même un auteur de la plus haute réputation.

Agricola, beau-père du célèbre Tacite, fut un romain d'une vie exemplaire et d'un savoir fort remarquable. Tacite nous apprend que cet homme si vénérable avait fait ses études à Marseille, dont l'école était doublement renommée pour la science profonde des maîtres et les bonnes mœurs des écoliers. On sait que la science fleurit surtout, sauf de rares exceptions, chez les hommes de bonnes mœurs. Ceux qui sont des anges pour la conduite sont aussi des aigles pour la pénétration, comme nous l'avons remarqué déjà pour Bossuet et saint Thomas, les deux plus grands génies du monde. A Marseille, nous dit encore Tacite, régnaient la *politesse grecque* et la *frugalité provinciale* [2]. Tout cela s'accorde avec les observations précédentes et ne sert qu'à mieux les confirmer.

Le caractère de Trajan, détaillé par Tillemont, était analogue à celui de Napoléon Ier. *Sa table était frugale, mais joyeuse :* ce premier trait porte avec lui son enseignement. *Il prenait grand plaisir à l'exercice du corps :* c'est ici comme la source d'où tiraient naissance les hautes qualités d'un aussi grand homme [3]. Il était *très-affable* et savait *se rendre un homme populaire,* quoique placé au faîte de la grandeur. L'exemple de ce prince est un de ceux qu'on

---

[1] *Questions tusculanes,* l. I, 1 et 2 ; l. IV, 2.

[2] *Vie d'Agricola,* IV. Voyez le bel éloge que Cicéron faisait déjà, de son temps, de l'école de Marseille *qui efface les écoles de la Grèce et même toutes les écoles du monde* (Discours pour L. Flaccus, 26).

[3] Lenain de Tillemont, *Histoire des Empereurs,* Trajan, art. 2 et 3.

ne saurait trop proposer pour modèle aux souverains de tous les temps et de toutes les nations. Heureux les hommes à qui le ciel accorde de pareils chefs ! Heureux les princes que leur bonté fait surnommer les *Pères du peuple !*

L'empereur Adrien ne fut pas moins zélé que ses prédécesseurs pour la culture et la protection des études. Il était lui-même très-savant, et on le cite avec éloge comme un des érudits et des artistes les plus consommés de son siècle [1]. Il publia un *Traité de Tactique,* où son érudition et sa capacité apparaissaient dans une mesure qui fut jugée extraordinaire pour le temps. L'exemple de cet empereur romain nous rappelle, à certains égards, celui de l'Empereur actuel des Français, de Napoléon III, écrivain militaire et historien distingué, grand philosophe, grand physicien, grand politique et grand artiste. Nous n'étendrons pas la comparaison pour ne pas trop louer les vivants.

Néron, lui-même, élevé par Burrhus et Sénèque, avait tous les talents que l'on acquiert par une culture d'esprit soignée [2]. Il était *musicien, poëte, orateur, et artiste* en tous genres [3]. Il fut, comme Voltaire et Rousseau, un des exemples rares et encore trop nombreux de la présence d'un beau génie dans une âme basse et ravalée. Sous le règne de ce prince exécré, c'était l'usage à Rome que les *fils des princes* mangeassent *avec les autres nobles de leur âge,* sous les yeux de leur parents, à une table séparée et *plus frugale.* Cette coutume, qui datait de loin, nous paraît des plus sages. L'excès de nourriture appesantit l'esprit et le matérialise ; la privation l'aiguise, l'anime et le surexcite ; c'est une expérience qui s'est vérifiée dans tous les temps. Voilà pourquoi l'empereur Charlemagne remarquait la supériorité

---

[1] Amédée Thierry, *Histoire de la Gaule sous l'administration romaine,* Introduction, III, sect. 3 ; Franz de Champagny, *Histoire des Antonins,* t. I, passim.

[2] Suétone, *Néron,* passim.

[3] Tacite, *Annales,* l. XIII, 3, et l. XVI, 73, suppl.

intellectuelle et l'ardeur à s'instruire, non pas chez les enfants des riches, mais bien plutôt chez les enfants des pauvres [1]. Voilà pourquoi l'apôtre saint Paul a dit lui-même, dans sa sublime philosophie : *Infirma mundi elegit Deus, ut confundat fortia* [2]. De tels faits seront toujours bien instructifs ; et en les méditant comme il se doit, nous devrons conclure, d'accord avec l'ancienne sagesse, qu'il faut *manger pour vivre,* et non pas *vivre pour manger.*

Pour juger de l'instruction et de la civilisation du peuple romain, il faut voir non-seulement les personnages illustres, mais toute la nation prise en masse, et principalement les armées. Comme le remarque déjà dans ses *Études historiques* le célèbre Châteaubriand, les armées romaines eurent à faire des *marches immenses :* elles en recueillirent le profit [3]. Il y a de la fatigue à de telles marches, même pour le bon soldat ; mais il y a aussi le revers de ce côté pénible : ce revers est toujours un progrès de l'esprit, comme on le voit chez nous pour un assez bon nombre de lourds paysans qui viennent se dégrossir et se façonner dans les troupes, en quelques années de service et même en quelques mois. Il est de fait que l'exercice du corps prépare les lumières de l'esprit. Châteaubriand le dit lui-même dans son *Essai sur la littérature anglaise,* où nous lisons ces importantes remarques : « Dante était un citoyen illustre et un guerrier

---

[1] « Après une longue absence, dit le moine de Saint-Gall, le très-victorieux Charles, de retour dans la Gaule, se fit amener les enfants remis aux soins de Clément, et voulut qu'ils lui montrassent leurs lettres et leurs vers. *Les élèves sortis des classes moyenne et inférieure présentèrent des ouvrages qui passaient toute espérance,* et où se faisaient sentir les plus douces saveurs de la science ; *les nobles,* au contraire, *n'eurent à produire que de froides et misérables pauvretés.* » Voir la *Vie de Charlemagne* par le moine de Saint-Gall ; Guizot, *Hist. de la civilisation en France,* t. III ; Abel Hugo, *France historique et monumentale,* t. II, p. 342-344.

[2] I Cor., I, 27.

[3] Châteaubriand, *Études historiques,* I, première partie, concernant l'époque de Marc-Aurèle.

vaillant. Le Tasse eût été bien placé dans la troupe brillante qui suivait Renaud. Lope et Calédron portèrent les armes. Ercilla est à la fois l'Homère et l'Achille de son épopée. Cervantès et Camoëns montraient les cicatrices glorieuses de leur courage. Milton s'était longtemps livré à l'exercice des armes. Le style de ces poètes-soldats a souvent l'élévation de leur existence [1]. » Le même écrivain revient encore à des réflexions analogues, à propos des armées romaines, et il ajoute ce mot profond : « Le général, qui se transportait sur des terrains si divers, *accroissait son expérience et son génie avec le vol de ses aigles* [2]. » Toute proportion gardée, on en peut dire autant de la troupe entière que du général ; et il est certain que les expéditions profitent, sous le rapport intellectuel, à tout le monde, depuis le général en chef jusqu'au simple soldat. En général, la différence est palpable entre un homme qui a voyagé et le bon ermite qui n'a jamais perdu de vue le clocher de son village ni déserté le coin du feu.

La civilisation des Romains prit une direction tout autre que celle des Grecs. Nous ne voyons pas à Rome cette quantité de gens oisifs, ni ces vains discoureurs qu'on voyait chez les Athéniens [3]. La république romaine se contentait de ses soldats, de ses ouvriers et de ses écrivains ; mais quant aux arts de luxe, elle n'en fut jamais la patrie. Le véritable Romain était né pour l'action, et non pas pour le rêve. Cependant l'architecture des Romains avait un caractère monumental, où la perfection de l'art apparaissait dans son application à des objets d'utilité. Strabon nous

---

[1] Châteaubriand, *Essai sur la littérature anglaise*, p. 363 et 384, de l'édition Vermot. Voir ma brochure *De l'introduction des idées napoléoniennes dans la discipline des colléges*, p. 9-11.

[2] *Études historiques*, I, première partie.

[3] Voir le double portrait que fait des Athéniens et des Romains, le savant abbé Auger, dans sa traduction des *OEuvres complètes de Démosthènes et d'Eschine*, édition revue par Planche, t. I, p. 192-197.

dit que les Romains n'ont épargné ni frais ni travail pour construire *des aqueducs* [1], *des égoûts et des routes*, trois objets essentiels que les Grecs avaient tout à fait négligés. Tout le monde connaît les belles routes romaines, telles que la voie Appienne, la voie Aurélienne, la voie Flaminienne, et quantité d'autres. Elles étaient pavées, solides et spacieuses [2]. Elles s'étendaient, de tous côtés, depuis les extrémités occidentales de l'Europe et de l'Afrique jusque dans l'Asie-Mineure, sur un développement d'environ quarante mille de nos lieues françaises. Le réseau actuel des chemins de fer en Europe n'offre pas un travail qui soit plus gigantesque. Les voies romaines partaient presque toutes du milliaire de Rome ; des colonnes de marbre, posées de mille en mille sur tout leur parcours, servaient à marquer les distances. Les aqueducs romains, dont nous pouvons juger par les restes de celui de Jouy près de Metz [3], étaient eux-mêmes un travail de géants. La ville de Rome surtout était remplie de beaux et somptueux monuments. Le Cirque, établi d'abord *en charpente* sous Tarquin-l'Ancien, puis construit *en pierre* sous Tarquin-le-Superbe, et décoré plus tard d'une quantité d'embellissements, pouvait contenir, assure-t-on, jusqu'à 200,000 spectateurs [4]. Il avait une longueur de 730 mètres et une largeur de 320. « Les Romains,

[1] L'Italie était couverte d'aqueducs. Rome à elle seule en possédait quatorze, comme le raconte Procope. On admire encore en Espagne celui de Ségovie, aussi bien conservé, dit-on, que s'il venait seulement d'être achevé. La Gaule était celle de toutes les provinces romaines qui en possédait le plus. On voit encore à présent les ruines de ceux de Lyon, Metz, Orange, Fréjus, Nîmes, Toulon, Arcueil, Coutances, etc.

[2] Godeau, *Histoire de tous les peuples*, t. I, p. 209-211.

[3] Dans la *France historique et monumentale* par Abel Hugo, t. I, p. 398-399 du texte, et planche L, on trouve trois beaux dessins d'aqueducs gallo-romains, avec les explications à l'appui. Ces dessins et ces explications sont relatifs aux aqueducs romains de Saint-Just (Rhône), de Gargallon (Var), et de Jouy-aux-Arches (Moselle).

[4] Godeau, *Histoire de tous les peuples*, t. I, p. 658.

dit Bossuet, n'épargnaient rien pour la grandeur et la beauté de leur ville. Dès leurs commencements, les ouvrages publics furent tels, que Rome n'en rougit pas depuis même qu'elle se vit maîtresse du monde. Le Capitole, bâti par Tarquin-le-Superbe, et le temple qu'il éleva à Jupiter dans cette forteresse, étaient dignes dès-lors de la majesté du plus grand des dieux et de la gloire future du peuple romain. Tout le reste répondait à cette grandeur. Les principaux temples, les marchés, les bains, les places publiques, les grands chemins, les aqueducs, les cloaques même et les égoûts de la ville avaient une magnificence qui paraîtrait incroyable, si elle n'était attestée par tous les historiens et confirmée par les restes que nous en voyons. Que dirai-je de la pompe des triomphes, des cérémonies de la religion, des jeux et des spectacles qu'on donnait au peuple? En un mot, tout ce qui servait au public, tout ce qui pouvait donner aux peuples une grande idée de leur commune patrie, se faisait avec profusion autant que le temps le pouvait permettre [1]. »

C'est surtout l'esprit généreux, la sagesse admirable des Romains qu'il est à propos de remarquer. « Ils n'étaient pas, comme le dit encore Bossuet, de ces conquérants brutaux et avares qui ne respirent que le pillage, ou qui établissent leur domination sur la ruine des pays vaincus. Les Romains rendaient meilleurs tous ceux qu'ils prenaient, en y faisant fleurir la justice, l'agriculture, le commerce, les arts même et les sciences, après qu'ils les eurent une fois goûtés. C'est ce qui leur a donné l'empire le plus florissant et le mieux établi, aussi bien que le plus étendu qui fut jamais. Depuis l'Euphrate et le Tanaïs jusqu'aux colonnes d'Hercule et à la mer Atlantique, toutes les terres

---

[1] *Discours sur l'histoire universelle*, 3e partie, ch. VI. Voir dans le *Magasin pittoresque*, année 1833, p. 161-162, une intéressante description du Colysée, avec des gravures qui donneront une idée de ce que fut autrefois l'architecture romaine.

et toutes les mers leur obéissaient : du milieu et comme du centre de la mer Méditerranée, ils embrassaient toute l'étendue de cette mer, pénétrant au long et au large tous les États d'alentour, et la tenant entre deux pour faire la communication de leur empire. On est encore effrayé quand on considère que les nations qui font à présent des royaumes si redoutables, toutes les Gaules, toutes les Espagnes, la Grande-Bretagne presque tout entière, l'Illyrique jusqu'au Danube, la Germanie jusqu'à l'Elbe, l'Afrique jusqu'à ses déserts affreux et impénétrables, la Grèce, la Thrace, la Syrie, l'Égypte, tous les royaumes de l'Asie-Mineure et ceux qui sont enfermés entre le Pont-Euxin et la mer Caspienne, et les autres que j'oublie peut-être ou que je ne veux pas rapporter, n'ont été durant plusieurs siècles que des provinces romaines. Tous les peuples de notre monde, jusqu'aux plus barbares, ont respecté leur puissance ; et les Romains y ont établi presque partout, avec leur empire, les lois et la politesse. C'est une espèce de prodige que dans un si vaste empire, qui embrassait tant de nations et tant de royaumes, les peuples aient été si obéissants et les révoltes si rares. Quelle facilité n'apportait pas à la navigation et au commerce cette merveilleuse union de tous les peuples du monde sous un même empire ? La société romaine embrassait tout ; et à la réserve de quelques frontières inquiétées quelquefois par les voisins, tout le reste de l'univers jouissait d'une paix profonde. Ni la Grèce, ni l'Asie-Mineure, ni la Syrie, ni l'Égypte, ni enfin la plupart des autres provinces, n'ont jamais été sans guerre que sous l'empire romain ; et il est aisé d'entendre qu'un commerce si agréable des nations servait à maintenir dans tout le corps de l'empire la concorde et l'obéissance. Les légions distribuées pour la garde des frontières, en défendant le dehors, affermissaient le dedans. Ce n'était pas la coutume des Romains d'avoir des citadelles dans leurs places, ni de fortifier leurs frontières ; et je ne vois guère commencer ce soin que sous Valentinien Ier.

Auparavant on mettait la force et la sûreté de l'empire uniquement dans les troupes, qu'on disposait de manière qu'elles se prêtaient la main les unes les autres. Au reste, comme l'ordre était qu'elles campassent toujours, les villes n'en étaient point incommodées, et la discipline ne permettait pas aux soldats de se répandre dans la campagne. Ainsi les armées romaines ne troublaient ni le commerce ni le labourage : elles faisaient dans leur camp comme une espèce de ville, qui ne différait des autres que parce que les travaux y étaient continuels, la discipline plus sévère et le commandement plus ferme. Elles étaient toujours prêtes pour le moindre mouvement ; et c'était assez pour tenir les peuples dans le devoir que de leur montrer seulement dans le voisinage cette milice invincible. Mais rien ne maintenait tant la paix de l'empire que l'ordre de la justice. L'ancienne république l'avait établi ; les empereurs et les sages l'ont expliqué sur les mêmes fondements ; tous les peuples, jusqu'aux plus barbares, le regardaient avec admiration, et c'est par là principalement que les Romains étaient jugés dignes d'être les maîtres du monde [1]. » Ce portrait des Romains, retracé avec une évidente complaisance, est de la main de Bossuet. On pourrait le croire un portrait idéal ou de fantaisie ; et pourtant rien n'y sort des bornes de la vérité pure. Les Romains furent tels que Bossuet nous les dépeint.

Les causes de la grandeur et de la décadence des Romains sont admirablement décrites par deux de nos auteurs classiques, par Bossuet [2] et Montesquieu [3]. Nous permettra-t-on d'étudier de nouveau d'aussi grands faits après de pareils maîtres ? Nous permettra-t-on surtout de donner à ces grands problèmes une solution nouvelle ? Voici, du

[1] *Discours sur l'histoire universelle,* 3e partie, ch. VI.

[2] *Discours sur l'histoire universelle,* 3e partie, ch. VII.

[3] *Considérations sur les causes de la grandeur et de la décadence des Romains.*

moins, l'explication qui paraît la plus simple, et qui en trois mots donne la réponse à tout.

Rome fut fondée au milieu des religieuses populations du Latium, qui dès lors étaient belliqueuses et agricoles au suprême degré. C'est par sa religion, son agriculture et son esprit guerrier que Rome s'est élevée; c'est en abandonnant ces trois grandes choses qu'elle a elle-même causé sa ruine. Cette proposition est assez importante pour être démontrée.

« Une chose, dit Godeau, paraît d'abord inexplicable : c'est la prodigieuse fourmilière d'hommes qui couvrait alors le sol de l'Italie centrale ; ce sont ces peuples connus sous les noms d'Albains, de Sabins, de Latins, de Volsques, de Véïens, de Falisques, d'Herniques, de Rutules ou Ardéates, de Marses, de Tarquiniens, de Vulsiniens, renfermés tous dans une étendue d'environ 40 lieues de long sur 30 à 35 de large, et d'environ 2,500 lieues carrées de superficie, mettant tous sur pied des armées de 20, 25, 30 et 40 mille hommes. En prenant pour terme moyen 25 mille guerriers pour chacune de ces diverses nations, cela donnera 300 mille hommes en état de porter les armes. Si nous y joignons 100 mille hommes pour les Romains, nous en aurons 400 mille ; et comme il ne peut y avoir qu'un guerrier sur dix individus, cela donnera quatre millions d'habitants, ou 3,600 par lieue carrée, nombre prodigieux pour un pays uniquement agricole [1]. » Un savant italien, l'abbé Denina, a trouvé la possibilité de ce nombre d'hommes dans leurs mœurs, c'est-à-dire dans leur travail et leur sobriété : « Chaque famille, dit-il, habitait une cabane qui

---

[1] *Histoire de tous les peuples*, t. I, p. 648. L'abbé Rohrbacher, *Hist. univ. de l'Église cathol.*, t. I, p. 171, de l'édition Bordes, adopte un calcul différent de celui de Godeau ; il compte, avec plus de raison, un guerrier sur cinq, et non pas sur dix âmes. Mais, en réduisant de moitié les chiffres de Godeau, on les trouve encore assez forts pour appuyer son raisonnement et pour légitimer ses conclusions.

n'occupait que l'espace nécessaire pour contenir les individus qui la composaient et le bétail qui, avec le petit champ, faisait toute sa richesse. Les épouses, ces robustes Sabines dont parle Horace, les jeunes filles, les enfants, dès qu'ils pouvaient manier le hoyau, travaillaient ce champ qui leur rendait une récolte telle, qu'une superficie de trois ou quatre arpents pouvait nourrir jusqu'à dix personnes. Ces peuples n'avaient que deux métiers; la culture et la guerre; mais la guerre ne les détournait de leurs travaux que pour quelques jours, ou pour repousser l'agression, ou pour aller ravager les champs de leurs voisins. Leur nourriture était d'une extrême simplicité : du pain, de l'eau, du laitage, des légumes et parfois la chair de leurs bestiaux [1]. » Il y avait peu de villes chez ces vieux Sabins, et ils ne les avaient bâties que pour mettre à couvert et défendre contre l'ennemi leurs femmes, leurs enfants, leurs grains et leur bétail. « Un peuple qui travaille, reprend Godeau, est rarement un peuple dissolu ; aussi, chez toutes les nations de l'Italie centrale, les mœurs étaient-elles simples et austères ; et l'infamie, quelquefois même des châtiments terribles punissaient ceux qui les outrageaient. La religion des anciens Etrusques contribuait aussi à maintenir cette pureté de mœurs. Ils avaient de la divinité une idée plus élevée que les Grecs, qui donnèrent le nom de leur Jupiter à tous les premiers dieux des nations qui les avoisinaient, ou dont ils eurent quelque connaissance ; mais le Jupiter des Etrusques, puisqu'il faut bien l'appeler ainsi, n'était point le Jupiter dissolu, ravisseur, adultère des Grecs, et les dieux de Numa ne furent jamais les déités libertines et vindicatives des Hellènes. Il y avait dans le culte des peuples italiens, surtout des Romains, beaucoup de pratiques su-

[1] *Des révolutions d'Italie*, t. I. Cet important ouvrage du savant Denina fut composé en italien et divisé en 24 livres. Il en existe une bonne traduction française par Jardin, en 8 vol. in-12, 1770. La meilleure édition italienne est celle de Milan, 1820, 5 vol. in-8°, avec les additions de Reina.

perstitieuses que les Grecs ne connurent point, comme les pronostics tirés du vol des oiseaux, des entrailles des victimes, de la manière dont mangeaient les poulets sacrés ; mais ces superstitions naïves, après tout, ne firent boire la ciguë à aucun sage et ne firent couler le sang de personne [1]. »

Les Romains, implantés pour ainsi dire au milieu de ces populations simples, robustes et laborieuses, en prirent toutes les habitudes. Si, dans le principe, ils ne furent véritablement qu'une troupe d'aventuriers et de vagabonds, on les vit bientôt se transformer en un peuple sage, destiné à la durée et à l'agrandissement parce qu'il excellait dans le métier de la guerre sans cesser d'être cultivateur. Peu d'arts s'introduisirent chez les Romains. Cependant ils s'appliquèrent beaucoup à la construction, et se distinguèrent par leur architecture, comme on l'a vu précédemment. Ils paraissent avoir aussi cultivé la musique. Lors du triomphe de Paul-Émile, on vit l'armée romaine défiler par compagnies et *en chantant* de diverses manières : soit *à la romaine,* façon gaie, bachique ou satirique, soit *à la grecque,* façon triomphale et solennelle [2]. Les armées romaines employaient divers instruments, savoir : la trompette droite, *tuba,* la trompette courbée, *cornu,* et la trompette contournée, *buccina* [3]. Ces divers instruments servaient pour les signaux de l'infanterie. La cavalerie avait une autre façon d'instrument, celui qu'on nommait *lituus.* Pour désigner une sonnerie en général, on se servait du mot *classicum.* Il est difficile de savoir si cette musique des armées romaines était simplement une *musique d'ordonnance,* ou si elle approchait plus ou moins de ce que nous nommons aujourd'hui *la musique militaire.* La flûte fut aussi connue des Romains [4]. Tibérius Gracchus,

[1] *Histoire de tous les peuples,* t. I, p. 650.

[2] Plutarque, *Paul Émile,* 37-38.

[3] Tacite, *Annales,* l. XVI, 73, supplément.

[4] Cicéron, *Tusculanes,* I, 1 et 2 ; IV, 2 ; *Des Lois,* II, 15 et 23.

lorsqu'il parlait à la tribune, avait à ses côtés un joueur de flûte qui lui donnait le diapason. On sait que Néron, à sa dernière heure, s'écriait tristement : *Quel dommage de voir ainsi périr un aussi bon joueur de flûte !* et Tacite même nous dit que, pour un moment, Néron jouait de *l'orgue hydraulique* [1], instrument d'une nouvelle invention.

Pendant longtemps les Romains ignorèrent les commodités les plus communes de la vie sociale, celles même où le luxe n'avait manifestement aucune part. Ce fut à grand'peine que, dans le sixième siècle de Rome, les dames purent obtenir, malgré les violents discours de l'austère Caton, d'ajouter quelque chose à leur parure. La sainteté du lien conjugal était si respectée, que ce ne fut que cinq cents ans après Romulus qu'eut lieu le premier divorce; et encore n'eut-il lieu que pour cause de stérilité. Si de telles mœurs avaient toujours duré, à l'ombre salutaire de la religion, de l'esprit militaire et de l'agriculture, l'empire des Romains n'aurait jamais cessé.

Mais, après la conquête de la Grèce et de l'Asie, le luxe, la licence et le débordement de presque tous les vices pervertirent les Romains. Alors s'éteignit leur patriotisme, auparavant si généreux, si pur; alors se perdirent leurs mœurs autrefois si rigides, et se déprava foncièrement leur noble caractère. Il faut que la progression dans cette corruption envahissante ait été bien rapide, puisque l'historien Salluste, qui vivait un demi-siècle avant l'ère chrétienne, en fait un tableau plein de vigueur et de vérité [2]. Avarice, gourmandise, libertinage effréné, rapines, incestes, meurtres, vénalité, trahison, projets d'incendie, étaient choses communes, surtout chez les grands, d'où ces vices descendaient dans les masses. « Car, dit Godeau, quel patriotisme avaient des soldats qui suivaient la bannière d'un Marius ou d'un Sylla,

[1] Annales, l. XVI, 73.
[2] *Conjuration de Catilina*, 7-16.

d'un César ou d'un Pompée, d'un Antoine ou d'un Octave, sans s'inquiéter si cette bannière était ou non levée contre l'ordre du sénat, contre le vœu du peuple, et contre le cri de la patrie? Soldats qui ne voyaient pour mesure de leur fidélité que les riches dépouilles des proscrits promises à leur rapacité. Les richesses du monde conquis, devenues la proie des grands, avaient élevé à Rome des fortunes incroyables [2]. » Déjà du temps de Salluste, ces opulents patriciens, ne sachant à quoi employer leurs trésors, faisaient jeter des môles dans la mer pour y bâtir des maisons de campagne, enclore des parcs immenses, où ils entretenaient des bêtes fauves, et avaient enlevé à la culture le sol de presque toute l'Italie, changée en enclos et en viviers [3]. Mais les loisirs d'un peuple paresseux, auquel on fournissait jusqu'à son pain, devaient être remplis; et alors on l'amusa par des spectacles, qui devinrent presque une condition de son existence. De là ce refrain des écrivains qui, en parlant des mœurs des Romains sous les empereurs, ont répété qu'il ne leur fallait plus que deux choses : *du pain* et *des spectacles,* PANEM ET CIRCENSES [4]. Pour du pain, la féconde Sicile, les fertiles côtes de l'Afrique, l'inépuisable Égypte, le monde romain lui-même tout entier étaient à la disposition des empereurs pour en fournir. On avait la puissance, il suffisait de vouloir ; et on voulait de chaque contrée, non seulement du grain, mais encore tout ce qu'elle produisait de plus précieux. Quant aux spectacles, ils étaient de plusieurs espèces : d'abord les jeux du cirque, et ensuite les jeux scéniques ou dramatiques. Mais les premiers, plus animés, plus belliqueux, nous pourrions même dire plus

---

[2] *Histoire de tous les peuples*, t. I, p. 684.

[3] *Conjuration de Catilina*, ch. 13 et 20. C'est la matière des récriminations que le démagogue faisait valoir aux yeux de ses complices, dans le fameux discours par lequel il entreprit de les soulever.

[4] Voir, à ce sujet, Tertullien, *Apologétique*, saint Augustin, *Cité de Dieu*, et les ouvrages assez connus des principaux auteurs ecclésiastiques.

féroces, étaient bien plus du goût des Romains. Il n'était pas étonnant que la population d'une ville immense de plus de quinze lieues de circuit, et qui au temps de sa plus grande gloire renfermait trois millions d'habitants, d'autres disent sept millions, y compris les esclaves; il n'était pas étonnant, disons-nous, que cette population, en grande partie oisive, riche, ou du moins ayant tout pour les premiers besoins de la vie, courût en foule aux dix cirques destinés à multiplier et à varier les spectacles [1]. Là, tous ces désœuvrés accouraient voir : 1° les *courses*, tant celles à pied que celles à cheval; 2° les *exercices gymnastiques*, tels que la lutte, le pugilat, le disque, et le javelot; 3° les *combats des gladiateurs*, malheureux esclaves ou hommes déterminés, qui, quelquefois renversés dans l'arène par leurs antagonistes, attendaient le signal de mort ou de salut de ce peuple dénaturé qui se plaisait à voir de sang-froid palpiter le mourant; 4° les *combats mutuels de bêtes féroces*, qu'on faisait venir à grands frais de vingt climats divers, pour les obliger à se précipiter les unes sur les autres, par une suite de chocs plus ou moins curieux, tels que ceux du tigre contre l'éléphant, ceux du lion contre le taureau rendu furieux, ceux de l'ours contre la panthère, spectacles devant lesquels un homme de cœur ne pourrait que frémir; et 5° enfin les *combats d'hommes contre les bêtes féroces*, où la vie de l'homme était jouée pour le raffinement du plaisir, et où l'horreur de la scène parvenait à son comble.

Tels étaient les Romains dans la phase de leur décadence. Il fallait voir alors, dans les dix cirques de la grande Rome dégénérée, les singuliers plaisirs que prenaient à la fois deux millions de personnes. Là se rendaient, vêtus de la toge, du laticlave, du paludamentum, de la prétexte, de la chlamyde, du chlaïna, de la tunique, tous les rangs et toutes les condi-

---

[1] Pour juger du changement des mœurs, comparez à ces spectacles le détail des *Jeux scéniques* fait par Cicéron à Marius, *Lettres de Cicéron*, CXXVI.

tions de la société romaine, le consul, le sénateur, le préteur, le tribun, le questeur, le chevalier, le scribe, le philosophe, l'artiste, l'ouvrier, le prolétaire, l'oisif, l'affranchi, la grave matrone romaine entourée de ses belles esclaves, l'épouse du consulaire, du patricien, du simple citoyen de condition libre, et la courtisane même, dont le règne est surtout prospère dans une société corrompue. Des spectacles qui ne coûtaient rien et qui occupaient presque l'universalité des habitants une partie de la journée, devaient les empêcher de porter des regards scrutateurs sur la machine, d'ailleurs peu compliquée, de leur gouvernement. On ne se passionnait plus ni pour la loi agraire, ni pour les priviléges des plébéiens, ni pour les élections des comices, mais bien pour tel comédien, tel gladiateur, tel cocher, tel coureur, qui souvent avait des partisans et des antagonistes échauffés au point d'en venir aux mains. Plus tard, quand ces jeux furent établis à Constantinople à l'instar de ceux de Rome, une rixe de l'hippodrome amena l'embrasement d'une partie de cette capitale de l'empire d'Orient.

Nous devons croire que toute cette immense population vivait sobrement, dans le temps même où le luxe de la table des grands était porté jusqu'à l'extravagance. Du pain avec un peu de sel constituait le léger repas qui se faisait après midi et qu'on appelait *prandium*. Le soir, de grosses viandes, des légumes formaient la *cène*, qui était à proprement parler le seul repas de la journée. Telle était la nourriture du peuple. Sa boisson n'était guère que de l'eau. L'usage du vin, en général, était réservé pour les riches. Mais il y avait une énorme différence entre cette nourriture simple et frugale de la masse du peuple et les festins ou même les repas ordinaires des grands, où éclataient à l'envi la somptuosité et la délicatesse. La rareté et le prix des mets, plus que leur goût, étaient ce que recherchaient ces sensuels et fastueux descendants des Décius, des Fabricius et des Cincinnatus. Le paon, le faisan, la cigogne et autres oiseaux rares, apportés ou élevés à grands frais; les huîtres, dont ils étaient très-avides, surtout celles du cap Circé; l'esturgeon, le turbot, le surmulet, les palourdes du lac Lucrin, les burets pris dans la mer de Baïes, les hérissons de Misène, les escargots d'Afrique, le sanglier d'Ombrie, et une prodigieuse quantité d'autres productions de la terre et des eaux figuraient sur les tables, assaisonnées de mille manières.

« Un cuisinier, dit Godeau, était un personnage important et souvent très-recherché, s'il passait pour habile dans son art. L'art culinaire avait été perfectionné par Apicius, ce fameux gastronome romain, contemporain d'Auguste et de Tibère, qui, après avoir perdu sa fortune de 100 millions de sesterces, ou de 22 millions de francs, s'empoisonna de désespoir, parce que, réduit à environ 1,200 mille francs de notre monnaie, ou 60 mille francs de rentes, il ne pensait pas qu'un honnête homme pût vivre avec un aussi faible revenu. Les vins des crûs les plus renommés de l'Italie, le massique, le falerne, le cécube et autres figuraient à côté des vins fameux de la Grèce et de l'Asie, tels que ceux de Lesbos, de Chypre et de Cos. Les pâtisseries et les fruits les plus exquis, et surtout les raisins, formaient le dessert, qui, comme chez nous, terminait le repas. Ce repas se partageait en trois parties: le premier service, le second service, et le dessert. Le premier service qu'on appelait *primæ mensæ* ou *gustatio*, c'est-à-dire premières tables ou goûter, commençait par des œufs frais, des laitues, des olives et des huîtres, pour mettre en appétit. Le second service, qui formait à proprement parler le repas, se composait de volailles, gibier, viandes solides, qu'on entremêlait de fruits secs et crus. Chez les grands, des officiers ou premiers domestiques étaient chargés des détails du service; c'étaient le maître d'hôtel, en latin *structor*, et le découpeur, en latin *carptor*. On choisissait aussi le roi du festin, *rex* ou *magister convivii,* qui réglait la manière de boire et la conversation des convives [1]. »

Telles étaient les mœurs fastueuses introduites dans la société romaine et qui la caractérisèrent dans les derniers temps. Nous nous abstiendrons d'ajouter à ce tableau d'un peuple en décadence la peinture des mœurs encore plus ravalées qui devinrent la plaie ou le ver rongeur de Rome et de Constantinople, sous Auguste, Tibère et les autres empereurs romains, jusqu'à la fin du *Bas-Empire*, c'est-à-dire jusqu'à la destruction de la puissance romaine par les Barbares, qui furent en ceci les exécuteurs de la justice de Dieu. C'est la pensée que saint Paul exprime au chapitre Ier de l'*Épître aux Romains,* où il conclut par ces mots expressifs : *Qui talia faciunt, digni sunt morte* [2].

Ainsi, Rome fut guerrière, agricole et morale, dans ses commencements et pendant le temps que dura sa puissance. Elle devint, au contraire, immorale, oisive, efféminée, lorsqu'arriva sa décadence ; et sa ruine dès lors devint chaque jour plus imminente. C'est donc par l'esprit militaire, excité et entretenu par la religion et l'agriculture, que Rome a vécu si longtemps et s'est élevée à une si haute puissance. C'est en abandonnant ces trois principes de sa force et de sa durée, l'esprit militaire, l'esprit laborieux, l'esprit moral, qu'elle a elle-même causé sa ruine et couru à sa perte [3].

---

[1] *Histoire de tous les peuples,* t. I, p. 654-655.

[2] Rom. I, 52. Tout ce chapitre de saint Paul est singulièrement instructif. On y voit le cœur humain mis à nu dans sa grandeur, dans ses bassesses, dans l'histoire véridique de ses inconstances, de ses humiliations et de ses turpitudes. Là est l'explication de la destinée particulière des hommes, et surtout celle de la destinée collective des grands peuples. C'est le vrai miroir où l'on reconnaît toutes choses montrées au naturel. L'enchaînement des causes avec les effets s'y dévoile avec une clarté saisissante. C'est donc un chapitre que l'on ne saurait trop méditer, si l'on tient à se rendre compte de la vie des hommes et de la vie des peuples.

[3] C'est ainsi que Cicéron, *République,* l. II, 4, explique déjà la chute de Carthage et celle de Corinthe. Voici ses paroles : « Nec vero ulla res magis la-

Concluons, une fois de plus, qu'avec l'esprit militaire un
empire fleurira toujours, parce que c'est la marque de Dieu
qu'il est fondé sur la religion et sur l'agriculture. Sans l'esprit militaire, dont le défaut suppose absence de religion et
manque d'agriculture, un empire périra toujours. Ainsi
s'expliquent les destinées des grandes nations, qui s'élèvent
ou qui tombent, selon que la divine Providence leur donne
ou leur retire l'esprit militaire [1], autrement dit l'esprit de
vie. C'est qu'en effet l'esprit militaire, comme nous l'avons
établi dans une série d'études sur l'histoire des grands
peuples, est l'expression même de la société, ou la mesure
naturelle de la religion, de l'agriculture, de la littérature,
de l'ensemble des arts et des sciences d'où résulte la physionomie particulière ou la civilisation individuelle de chaque
peuple. Tel est le sens profond de cette parole de Job, dont
l'histoire est le commentaire et la justification tout à la
fois [2] : *Militia est vita hominis super terram ;* ce qui revient
à dire : *L'esprit militaire est un esprit de vie.*

---

befactam diù et Carthaginem et Corinthum pervertit aliquando, quàm *iste
error et dissipatio civium,* quod, mercandi cupiditate et navigandi, *et agrorum et armorum cultum* reliquerant. »

[1] Cette philosophie nouvelle de l'histoire des empires ne contredit nullement celle que Bossuet pose en principe dans la 3° partie de son célèbre
Discours sur l'histoire universelle ; mais elle la confirme et la corrobore
bien plutôt.

[2] Job, VII, 1.

Metz. — Typ. ROUSSEAU-PALLEZ.